KB104661

물러서지 않을 용기

습관적 회피에서 벗어나 주도적으로 살기 위한 30가지 심리 처방

물러서지 않을 용기

1판 1쇄 2021년 3월 19일
1판 2쇄 2021년 4월 5일

지은이 리궈추이
옮긴이 이정하
펴낸이 유경민 노종한
기획마케팅 1팀 우현권 **2팀** 정세림 금슬기 최지원 현나래
기획편집 1팀 이현정 임지연 **2팀** 김형욱 박익비 **라이프팀** 박지혜
책임편집 박익비
디자인 남다희 홍진기
펴낸곳 유노북스
등록번호 제2015-000010호
주소 서울시 마포구 월드컵로20길 5, 4층
전화 02-323-7763 **팩스** 02-323-7764 **이메일** uknowbooks@naver.com

ISBN 979-11-90826-45-7 (03190)

- — 책값은 책 뒤표지에 있습니다.
- — 잘못된 책은 구입하신 곳에서 환불 또는 교환하실 수 있습니다.

습관적 회피에서 벗어나
주도적으로 살기 위한
30가지 심리 처방

물러서지 않을 용기

리궈추이 지음 · **이정하** 옮김

유노
북스

더 나은 삶으로 안내하는
문제를 마주할 용기

저도 모르는 새 심리학이란 분야에 발을 들인 지 벌써 열여덟 해가 지났습니다. 18년 전과 비교해 보면 제 성격도 어느새 참 긍정적으로 변한 것 같습니다. 곰곰이 생각해 보면 이런 변화들은 자신을 똑바로 마주하고, 회피라는 심리적 방어 기제를 줄여 나가면서 나타나기 시작했습니다.

과거 저는 심리적 부담을 잘 이겨 내지 못해 난관에 봉착할 때마다 피해 달아나기만 했습니다. 분명 원가족의 영향도 있을 것입니다. 쉽게 우울해하고 감성적인 성격 때문에 친구들은 저에게 고전소설《홍루몽》에 나오는 병약한 여주인공인 '린다이위'라는 별명을 붙여 줬습니다. 과거의 제가 얼마나 마음이 여렸는지 알 만하죠.

운 좋게도 심리학을 공부하면서 제 성격은 크게 변했고, 심리적 성장을 스스로 도모할 정도가 됐습니다. 어려움을 직접 마주하고 해결하는 일을 더 이상 두려워하지 않게 됐고, 마음속 깊은 곳에서부터 솟아오르는 탄탄하고 당당한 성취감을 느끼는 일을 즐기게 됐습니다.

많은 문제가 상상하는 것만큼 큰 위험을 초래하지 않는다는 사실과 혹여 난관에 부딪힐까 봐 갖는 공포 때문에 발이 묶인다는 점을 깨달았습니다. 실재하지 않는 상상 속의 공포에 지배당했던 것입니다.

심리상담사가 된 후 매일 일상생활 속 문제 때문에 괴로워하는 많은 사람을 만났습니다. 그들은 제가 과거에 겪었던 어려움, 문제를 제대로 마주하지 못해 자꾸 물러서는 자신 때문에 곤혹스러워했습니다.

영국의 시인 존 던은 "인간은 누구도 홀로 온전치 않고, 세상과 단절된 무인도가 아니다. 모든 이의 죽음은 곧 나의 슬픔이고, 내가 인류의 일원이기 때문이리라"라고 말했습니다.

인류의 고통은 서로 이어져 있습니다. 프로이트는 인류가 겪는 고통의 기제를 밝히고 객관적인 규칙으로 귀납 정리한 후 '방어 기제'라고 이름 붙였습니다.

방어 기제란 무엇일까요? 심리학자 도널드 멜처는 "모든 방어 기제는 고통에서부터 도망치는 자기 자신을 위해 하는 거짓말"이라고 쉽게 이야기했습니다.

인류의 삶은 고통과 시련이 가득합니다. 때문에 사람들은 본능적으로 방어 기제를 사용해 아픔을 이겨 내려 합니다. 특히 스스로가 나약하고 초라하다고 느낄 때 더욱 그렇습니다.

하지만 방어 기제는 임시방편에 지나지 않습니다. 그때 잠깐 괜찮은 상태로 지낼 수 있도록 보호해 줄지 모르지만, 문제는 그대로 남아 있습니다.

또 방어 기제를 무의식적으로 계속 사용하면, 문제가 생길 때마다 습관적으로 회피하게 됩니다. 즉, 어려움을 마주할 때마다 스스로 취할 수 있는 유일한 해결책이 되는 것입니다. 이 같은 태도는 더 나은 나로 살아갈 가능성을 제한하고, 고통을 지속적으로 재생산시킵니다.

'나 자신부터 알자'라는 말은 자신의 방어 기제를 파악하자는 말과도 같다고 볼 수 있습니다. 자신이 언제 어떤 고통과 난관, 과제 앞에 회피했는지 알아내고, 그때 마주하지 못한 문제들을 다시 들여다보며, 그동안 자신을 가로막고 있던 장애물들을 파악해 보는 것입니다.

나아가 거기서 탈피해 무엇에도 얽매이지 않고 스스로 원하는 바를 향해 자유롭게 선택할 수 있는, 물러서지 않는 용기를 발휘할 수 있도록 독려해 보면 어떨까요?

방어 기제가 작동하지 않는 완벽한 삶은 없습니다. 또 언제나 방어 기제가 부정적인 것은 아닙니다. 하지만 방어 기제가 삶에 문제를 일으키는 요인으로 작동하고 있다면 고민해 봐야 합니다.

항상 한 발자국 뒤로 물러서고 싶지 않나요? 같은 문제 앞에 계속 도망치고 있지는 않나요? 그간 외면하며 살아온 것들로부터 자유로운 적이 있나요? 한번이라도 벗어나 본 적은요? 이제는 이들을 마주해 보면 어떨까요?

습관적으로 회피하는 태도를 버리고, 의식적으로 마주하는 자세를 취하는 용기를 발휘할 수 있으면 좋겠습니다. 사고방식의 전환이자 인생을 대하는 태도의 전환이기도 하고, 세상의 문을 여는 새로운 과정이기도 합니다. 이 책이 더 나은 자신으로 살아가는 데 여러분에게 도움이 되길 바랍니다.

리궈추이

목 차

2장

습관적 회피를 벗어나는
심리 처방

물러서지 않는 태도

3장

사람들과
문제없이 잘 지내는 법

물러서지 않는 관계

4장

상처받은 내면의 나를
마주할 용기

물러서지 않는 마음

1장

문제를
덮으려고만 하는 나에게

물러서지 않는 용기

나를 잃어 가면서까지
문제를 회피하는 이유

일상생활에서 의견을 말해야 하거나 이익과 관련된 문제가 발생했을 때 다른 사람과 갈등이 생길까 봐 몹시 걱정하지 않는가? 갈등을 막으려고 일부러 자기 의견을 말하지 않거나 먼저 자신의 이익을 희생함으로써 다른 사람에게 맞추려 들지 않는가?

반복해서 이렇게 행동한다면, 당신은 천천히 그룹 내에서 의견을 내거나 이익을 쟁취할 자격을 상실할 수 있다. 심하면 투명인간 취급도 받을 수 있다. 나중에라도 의견을 피력하거나 자기 몫을 취하려 들면, 사람들은 거절하거나 무시할 것이다.

당신은 그룹 내에서 주변화되고 자신의 가치를 잃게 된다. 시간이 지나면서 이런 상황은 점점 더 나빠진다. 처음에는 참아볼 만하다고 생각하지만, 결국 다른 사람과 격렬하게 싸우는 방식으로 항의하면서 끝이 난다. 그리고 당신은 사람들 사이에서 상종하지 말아야 할 사람으로 낙인찍히고 만다.

새로운 곳으로 거취를 옮겨 새 그룹에 적응하려 노력하지만, 작은 갈등을 일으킬 엄두조차 내지 못한 채 어떻게든 그들과 잘 지내려 애쓰다가, 또다시 누군가와 싸움으로써 전과 같은 일을 반복하고 만다.

그 결과 당신은 단체 생활을 두려워하게 되고, 어쩔 수 없이 단체 생활을 하지만 모든 면에서 맞지 않는다고 느낀다. 그룹 내에서 이견을 말하는 데 어려움을 느끼고, 그 누구의 뜻도 거스를 용기가 없기 때문에 사는 게 점점 힘들어진다.

반대의 의견을 주장하고 싶어도 사람들이 싫어할까 봐, 또는 나를 공격할까 봐 두려워한다. 갈등을 일으키지 않으려고 사람들에게 맞춰 주고 잘 보이려 한다. 혹여 누가 나를 싫어할까 봐 나에게 불만을 가질까 봐 전전긍긍해한다.

너무 비참하고 비굴한 삶이다. 스스로에게 '계속 이렇게 살 거야? 왜 나만 이렇게 살아야 해?' 하며 질문하지만, 더 이상 비굴한 겁쟁이로 살지 않겠다고 거듭 다짐하지만, 그다음 날이 되면 또 전처럼 살아간다. 겉으로 보이는 나와 실제의 나 사이에서 괴리감을 느끼며 괴로워한다.

이 같은 삶은 피로와 고민으로 가득하다. 여기서 벗어나려면 어떻게 해야 할까?

절대적인 통제의 잘못된 훈육 방식

갈등이 일어날까 봐 두려워하는 근본적인 이유는 무엇일까? 갈등을 감당할 수 없는 재난과 같다고 여기는 생각 때문이다. 혹은 유년기 때 부모와의 갈등에서 쌓인 두려움이 깔려 있다.

갈등을 두려워하는 사람들은, 대개 유년 시절에 부모의 절대적인 통제 아래 자랐을 가능성이 크다. 부모는 자신들의 요구대로 행동할 것을 강요하고, 다른 의견은 용납하지 않았을 것이다. 요구대로 행동하지 않거나 다른 의견을 내놓기라도 하면, 매섭게 혼나거나 체벌을 받았을 것이다.

부모와의 관계에서 이런 상황이 오래 지속되면, '상대와 다른 의견은 용납되지 않는 것이며, 자신이 의견을 말하면 아주 끔찍한 결과가 일어난다'라고 여기게 된다.

이런 훈육 방식은 아이들이 '다른 의견'과 '공포'라는 정서를 연결 짓게 만들고, 무의식적으로 자기 의견을 말하는 것을 두려워하게 한다. 나아가 이는 행동 방식으로 굳어진다. 자신이 다른 의견을 내면 부모의 처벌이 뒤따르기 때문이다.

아이들에게 자신들의 요구대로 행동하지 않거나 다른 의견을 내는 건 몹시 나쁜 행동이라고 가르치는 부모도 있다. 자신들의 요구에 아이가 다른 의견을 제시하면, 부모에게 말대답하는 행동은 좋지 않다고 알려 준다.

또 어떤 부모들은 "좀처럼 말을 듣지 않네", "너는 좋은 아이가 아니야", "엄마가 시키는 대로 하지 않으면 너를 사랑하지 않겠다", "너는 왜 이렇게 못났니?", "하라는 대로 해!", "누가 말대답하래? 말대답하지 마!" 하고 무섭게 말한다.

'시키는 대로 하지 않거나 다른 의견을 제시하면 사랑받을 수 없다'는 방식으로 아이들에게 자신들의 뜻대로 행동할 것을 강요한다.

아이들은 '다른 의견'을 표현하는 일은 '사랑받지 못할', '잘못된', '혼날' 일이라고 생각한다. 그 때문에 성장한 후에 다른 사람과 의견이 다르거나 갈등이 일어날 상황이 생기면 무작정 도망치는 것이다.

갈등을 두려워하는 사람은 자신과 마주하는 일을 두려워하고, 사람들 사이에서 좋지 않은 평가를 받을까 봐 두려워한다. 그들은 상대를 화나게 해서는 안 된다고 생각하고, 상대가 자신에게 화를 내거나 적대적인 이유는 분명 자신이 부족하기 때문이라고 생각한다.

갈등은 혼자서는 해결할 수 없는 문제처럼 여겨지고, 마음속에 불안을 불러일으킨다. 원만하지 못한 인간관계는 마음속 불안을 극대화시킨다.

이들은 자존감이 매우 낮다. 자신의 가치를 낮게 평가하고, 다른 사람들의 평가를 매우 중시한다. 어떤 이들은 다른 이의 평가 속에서 살아간다. 자신의 가치를 타인의 인정에 두기 때문에 심리적으로 동등한 위치에서 사람들과 교류할 수 없다. 또 잠재의식 속에 자신을 남들보다 못한 존재라고 여겨 상대의 비위를 맞추려 애쓰는 경향이 있다.

아이의 자존감은 부모에게서 시작된다

자존감이 낮은 부모 밑에서 자란 아이는 어려서부터 부모와 똑같은 행동 방식을 익히게 된다. 부모의 낮은 자존감을 자신의 가치 체계로 수용하고, 사람들과 갈등을 빚는 일은 매우 위험하다고 받아들인다.

아이는 인간관계에서 평화를 지키는 일이 가장 중요하다고 배우고, 이로써 자기 의견을 표현하고 자기 이익을 지키는 일은 별로 중요하지 않다고 여기게 된다.

이렇게 부모의 낮은 자존감에서 비롯된 이 같은 행동 방식은 아이에게 매우 나쁜 영향을 미친다. 마음속에 고민이 많고, 억울함이 클수록 더 그렇다. 자신을 희생하면서까지 사람들을 배려하며 열심히 살고 있는데, 사람들은 이를 몰라 준다고 생각한다. 부모의 고민과 억울함은 아이의 행동에도 스며든다.

아이는 사회에서 살아남기 위해 뒤틀린 행동 습관을 갖게 되고, 겉으로는 사람들과 잘 지내는 듯 보여도 무척이나 불편함을 느낀다. 이 때문에 마음의 균형을 잃은 지 오래다.

최악은, 밖에서는 사람들과 맞서지 못하던 부모가 집에서는 아이에게 부당한 요구를 할 때이다. 집 밖에서 표출하지 못한 자신의 요구사항을, 타인에게 받지 못한 인정과 존중을 아이에게서 찾으려 한다.

아이가 자신의 말에 복종하는 모습을 통해 밖에서 누리지 못한 심리적 만족을 얻으려 한다. '밖에서는 남들 하자는 대로만 하니까 집에서는 너라도 반드시 내 말을 들어'라는 식으로 횡포를 부린다. 그 같은 행동이 아이에게 미치는 영향에 대해서는 알지 못한 채 말이다.

상담을 하다 보면, 이 같은 사례를 자주 접한다. 밖에서는 남들이 하자는 대로 하는 아버지가 집에만 오면, '폭군'으로 돌변해 아내와 아이에게 무조건 자기 말을 들으라고 요구한다. 바라는 대로 되지 않으면, 아내와 아이에게 소리를 지르고 폭력을 휘두른다.

밖에서 마주하고 해결해야 할 갈등을 집 안으로 가져온 경우다. 밖에서는 갈등을 대면할 용기가 없다 보니 점점 마음속에 부정적 에너지가 쌓이고, 이를 해소하기 위해 가족에게 스트레스를 푸는 것이다. 가장 가까운 사람, 가장 사랑하는 사람에게 공포심을 불러일으키면서까지.

또 다른 유형의 부모가 있다. 주로 어머니에게 나타나는데, 아이를 통제하는 것을 자신의 인생 목표로 삼는 경우다. 부부 사이에서 피해자 역할을 맡고 있을 가능성이 높다. 그 때문에 아이를 통제하고 싶어 하고, 아이만은 자기 말대로 행동하길 원하며, 거기서 만족을 찾는다.

아이들은 옳고 그름에 대한 개념이 확실하지 않기 때문에 부모를 기쁘게 하기 위해 부모의 요구에 맞춰 자신들의 행동을 조정한다. 부모의 감정에 크게 신경 쓰고 그들의 감정 상태를 자기 책임으로 돌린다.

부모가 언짢아 보이거나 자신에게 불만이 있다고 생각되면, 아이는 깊이 자책하고 공포를 느낀다. 자신이 잘못해서 부모가 기분이 좋지 않다고 생각하기 때문이다.

많은 부모가 이런 행동이 아이에게 큰 상처를 준다는 사실을 모른다. 직장과 일상생활에서 해결해야 할 많은 문제에 둘러싸여 아이와 관련된 일에 신경 쓸 여력이 없기 때문이다. 특히 여러 일로 괴로운 시간을 보내고 있는 부모는, 자기도 모르는 새 아이를 문제의 소용돌이 속으로 끌고 들어가게 된다.

갈등은 지극히 자연스러운 일이다

갈등은 마주하지 않으면 사라지지 않고 계속 늘어난다는 사실을 모두 경험해 보지 않았는가? 갈등은 피하고 싶으면 피하고 싶을수록 더 빨리 나타난다.

대개의 인간은 인간관계에서 자신의 경계를 확장하고 싶은 욕망이 있다. 그렇기에 갈등이 두려워 타인의 요구에 맞춰 계속 행동하면, 상대는 이를 틈 타 자신의 경계를 확장하고 나의 모든 영역을 삼켜 버릴 것이다. 특히 음험한 사람은 자신의 경계를 넓히는 것으로 우월감을 얻고 자신의 가치를 확인하고자 한다.

따라서 내가 뒷걸음칠수록 상대는 더욱 기세등등해진다. 이런 행동이 극단으로 치달을 때 괴롭힘과 집단 따돌림이 발생한다. 집단 따돌림의 피해자는 사람과의 갈등을 두려워하고 회피하려 한다. 가해자는 피해자가 갈등이 생길 때 자책하고 두려움을 느낀다는 사실을 간파해 괴롭힐 때 더욱 거리낌이 없어진다.

갈등에 대한 두려움이 겉으로 드러나는 사람일수록 갈등을 조장해 심리적 에너지를 빼앗기기 쉽다. 대개 많은 피해자가 '내가 잘못해서 괴롭힘을 당한다'고 생각하며 따돌림의 원인을 자신에게서 찾는다.

갈등은 인간관계에서 자연스러운 일이다. 모든 사람은 자신만의 독특한 유전자와 성장 환경을 가지기 때문에 문제를 해결하는 방식도 저마다 다르다. 사람들 사이에서 의견과 행동이 일치하는 일은 드물다. 이는 지극히 정상적이다.

합리적인 의견과 요구사항을 정확히 피력하면 서로의 입장을 이해하고 받아들일 수 있다. 모든 사람은 자기 생각을 말할 권리가 있다. 이는 아주 정당하다.

갈등을 두려워하는 사람은 의견을 주고받을 때 생기는 마찰에 대한 잘못된 관념을 갖고 있다. 상대와 자신 사이에 존재하는 다른 의견을 두려움, 처벌 등과 연결 짓는다. 사람들의 불만을 자신의 탓으로 돌리며 자신의 진솔한 생각과 의견을 억누른다. 하지만 억누른다고 사라지지 않는다.

자신의 생각과 의견이 점점 더 강렬해져 심리적 갈등을 겪는다. 마음 속 갈등이 격렬해져 통제할 수 없는 상태에 이르면, 결국 밖으로 표출되고 그 결과 누군가와 부딪히게 된다.

갈등을 회피하는 것만으로는 문제를 해결하지 못한다. 심각한 내적 갈등을 불러일으키고 관계가 충돌하는 결과를 야기할 뿐이다.

한 그룹에서 한 사람의 가치는 개인의 능력으로 결정되는 것이지, 누군가의 비위를 맞추는 일과는 무관하다.

갈등을 두려워하는 사람이 무의식적으로 상대의 비위를 맞추는 건, 사람들과 원만한 관계를 유지하고 그들의 요청을 무조건 들어줄 때 사람들의 마음을 얻을 수 있다고 여기기 때문이다.

이는 인간관계를 잘못 해석하는 바람에 일어나는 인지 오류다. 사람들은 주관 없고, 겁 많은 사람을 존중하지 않는다. 오히려 능력이 없다고 평가한다.

비록 당신이 능력이 있다 하더라도 이를 표현하지 않는다면, 선뜻 인정받기 어려울 것이다. 나아가 설 자리를 점점 잃을 것이고, 기본적인 대접도 받지 못할 것이다.

다시 말해, 두려워하는 일일수록 더욱 일어날 수밖에 없다. 문제를 해결하지 않으면 곧 자신이 문제가 되기 때문에 그렇다.

회피하지 않으면 문제는 단순해진다

갈등이 두렵게 느껴지는 이유는, 문제를 이성적으로 생각하지 못하기 때문이다. 갈등을 두려워하는 일을 그만두고 싶다면, 먼저 갈등에 대한 잘못된 인식부터 고쳐야 한다.

우선, 적절하게 자기 의견과 견해를 드러내는 일은 모든 사람이 가진 권리라는 사실을 알아야 한다. 이는 다른 사람에게 적의를 품었다는 뜻이 아니다. 다른 의견과 적대감을 연결해 생각하는 인식은, 어린 시절 부모에게 다른 의견을 말하는 행위에 적대감이라는 꼬리표가 붙었기 때문이다. 하지만 이는 틀렸다.

다음으로, 인간관계는 원래 각자의 의견과 관점이 충돌할 수밖에 없는 구조다. 자신과 남이 다르다는 사실을 인정하고, 갈등 속에서 모두에게 적합한 균형을 찾아내야 한다. 이때 자기 의견과 관점을 유지하면서 적당히 타협해 절충안에 이르고, 서로 존중하는 와중에 각자의 다른 의견을 받아들일 수 있다.

갈등을 두려워하지 말자. 갈등은 해결할 수 있다. 건강한 인간관계란 갈등이 없는 상태가 아니다. 인간관계에서 갈등은 지극히 정상적인 일이다.

우리에게 필요한 건 자기 의견을 올바르게 표현하는 능력이다. 또 다른 의견을 말할 때 야기되는 감정을 분리할 줄 알아야 한다.

혹여 의견을 말할 때 적대감이나 공격 같은 수많은 감정을 느낀다면, 이는 잠재의식 속에 '다른 의견은 적의를 나타내기에 위험하다', '상대는 정보보다 감정에 먼저 반응해 적대감을 느낄 것이고, 결국 이 대화는 싸움으로 이어질 것이다'라고 스스로 착각하는 것이다.

사실 의견은 의견이고, 감정은 감정이다. 미국의 심리학자 하인즈 코헛의 '적대감 없이 결연한 태도'는, 각자 다른 의견을 말할 때 자신이 느낀 감정을 파악하고, 감정과 의견을 분리해 평온한 상태에서 의견을 나타내는 태도를 말한다.

많은 사람이 자기 의견을 말할 때 무의식적으로 적대감을 느낀다. 표면적으로 다른 의견 때문에 갈등이 일어나는 것 같지만, 갈등 신호가 전달되어 충돌이 일어나는 것이다.

자신의 의견과 감정을 잘 분리해 온화한 태도로 말할 수 있을 때, 내 의견은 상대에게 더 잘 전달될 것이고, 나 역시 더욱 존중받게 된다.

회피는 나를 버리고 달아나는 일이다. 내가 회피하는 대상을 모른다면, 나 자신을 아직 잘 모르는 것이다. 나를 알면 모든 문제를 파악할 수 있다. 마주하면 단순해진다. 더 이상 나를 외면하지 말자.

실패를 두려워하는 순간
일은 꼬인다

친구 하나가 하소연했다. 최근 직장에서 승진할 기회가 있었다고 했다. 업무 능력으로 봤을 때 자신은 꽤 유력한 후보 중 하나였지만, 그때 스트레스를 많이 받은 탓에 불면증에 시달렸고, 이런저런 고민들로 업무 집중도가 현저히 떨어지면서 승진할 기회를 놓쳤다고 했다.

그는 그 직장에서 3년 동안 열심히 일했고, 매년 훌륭한 업무 실적을 거뒀다. 그에게 한 가지 단점이 있다면, 잘 긴장한다는 것이었다. 특히 자신이 원하고 바라는 일일수록 실수할까 봐 초조해하고 움츠러들었다. 그렇게 눈앞에서 기회를 놓친 적이 한두 번이 아니었다.

대학 시절 그는 동기 중에 좋아하는 여학생이 있었다. 서로 호감이 있는 상태였지만, 친구가 확실하게 자기 마음을 표현하지 않아 줄곧 모호한 관계를 유지했다. 그러다가 그녀를 마음에 둔 다른 남학생이 나타났다. 그 남학생은 매일 그녀의 주위를 맴돌며 적극적으로 마음을 표현했다. 두 사람은 연인으로 발전했다.

친구는 가슴이 찢어질 듯 괴로워했지만 돌이킬 수 없었다. 그렇게 그는 마음속에 커다란 후회를 남겼다. 애석하게도 그는 10여 년간 이와 비슷한 상황을 수차례 반복했고, 나는 이 모습을 목격해 왔다.

심리상담사로 일하면서도 이 같은 사례를 자주 접했다.

졸업 예정자 중에 취업 면접을 볼 때 긴장하는 바람에 좋은 결과를 거두지 못하는 경우가 많았다. 면접 결과가 좋지 않으면 다음 면접 때 더 긴장하는 악순환이 일어났다. 스트레스는 갈수록 커지고 괜찮은 기회를 놓치는 일이 비일비재했다.

일부 회사의 고위직 간부 중에는 업무 보고를 할 때 긴장해 자신의 예상과 다른 결과를 낳기도 하고, 망칠 때도 더러 있었다. 실제로 그들은 업무 능력이 뛰어난 사람들이었지만 노력한 만큼, 자신들의 능력만큼 실력을 제대로 발휘하지 못해 오를 수 있는 자리까지 오르지 못해 억울해했다.

모든 사람이 사랑, 성공, 행복 등 똑같은 가치를 추구하며 산다고 생각하지만 수많은 내담자와 상담하면서 깨달은 건 사람은 각기 다르다는 점이다. 추구하는 목표, 좋아하는 사람, 갖고 싶은 물건 앞에서 저마다 다른 감정을 느낀다.

긍정적인 감정을 느끼는 사람들은 자신의 바람이 실현됐을 때의 행복한 경험과 기분을 떠올린다. 이런 적극적인 상상은 자신이 원하는 바에 가까이 다가가고자 더 노력하게 만들고, 좋은 결과로 이어지는 데 긍정적인 영향을 끼친다. 그 결과 자신의 바람을 실현하고 자신이 원하는 삶을 살아가게 된다.

반대로 부정적인 감정을 갖는 사람들은 자신이 바라고 원하는 일이 이뤄지더라도 스트레스를 받고 오랫동안 초조해하고 걱정하는 상태에 빠진다. 이들에게 목표와 바람은 즐거움과 행복이 아니라 부담과 도전으로 다가가는 것이다.

이들은 자신이 느끼는 부담감을 태도나 감정에 그대로 드러내고, 이를 주변 사람들에게까지 전달시키곤 한다. 이들은 도전과 부담감을 느끼는 상황을 괴로워하고, 끝내 움츠러들어 마주할 용기를 상실하기에 이른다. 결국 자신의 목표와 바람을 이룰 기회를 놓치고 만다.

실패 회피형 인간의 잠재의식

1960년대 미국 심리학자 존 윌리엄 앳킨슨은 유명한 성취동기 이론을 제시했다. 그는 연구를 통해 사람은 성취동기에 따라 '실패 회피형'과 '성공 추구형'으로 나뉜다는 사실을 발견했다.

실패 회피형 인간의 일의 주된 동기는 실패를 회피하는 것이다. 이들은 최대한 위험을 피하고 안전하게 살기 위해 노력한다.

성공 추구형 인간이 일하는 주된 동기는 성공하고 싶은 욕구다. 이들은 주저 없이 위험을 무릅쓰고, 원하는 것을 얻기 위해 자신의 잠재력을 동원하는 데 최선을 다한다.

이렇게 사람들은 신념에 따라 일하는 논리가 다르고 인생의 바탕색도 달라지기 때문에 그 위에 세워지는 삶의 모습과 분위기도 달라진다. 또한 인생을 살아가는 원동력과 일상에서 마주하고 부딪히는 이야기도 완전히 다를 수밖에 없다.

실패 회피형 인간은 안전한 삶을 위해 최선을 다한다. 따라서 자신에게 위협이 되거나 부정적인 영향을 줄 수 있는 요소들을 예의주시하고, 스스로를 보호하는 데 모든 에너지를 사용한다.

성공 추구형 인간은 자신의 목표를 열심히 추구한다. 원하는 바를 얻기 위한 과정에서 실패하거나 대가를 지불하는 일에 크게 개의치 않는다. 오히려 이루고자 하는 목표는 그들을 설레게 만들고 사기를 북돋아 준다.

앞서 언급한 친구는 전형적인 실패 회피형 인간이다. 겉으로는 자신이 좋아하는 사람이나 사물을 손에 넣고 싶어 하는 듯 보이지만, 그의 무의식이 실제로 원하는 건 그 사람이나 사물이 아니다.

대개 잠재의식과 표면의식이 일치하지만, 그렇지 않은 사람도 있다.

심한 경우 반대일 때도 있다.

표면의식에서는 어떤 물건을 원하는 것처럼 보이지만, 잠재의식에서는 '실패할 수 없다', '누군가에게 받아들여지고 인정받고 싶다' 등 다른 것을 원하기도 한다. 이들은 자신이 간절히 바라는 일이나 좋은 사람을 만나고 싶다는 바람을 실현하기 어렵다.

과연 이들의 잠재의식은 좋아하는 대상을 마주할 때 어떤 제약을 받는 걸까?

(1) 운명을 탓한다

어린 시절 좋아하는 걸 누려 본 경험이 적거나 없는 사람, 목표를 좇다가 크게 좌절을 겪은 사람은 잠재의식 속에 '나는 원하는 바를 얻을 수 없는 운명'이라는 신념이 자리 잡혀 있을 수 있다.

이런 내담자가 있었다. 어린 시절 그의 어머니는 그가 좋아하는 물건을 인정사정없이 빼앗곤 했다. 이후 성인이 된 그는 좋아하는 물건을 대할 때마다 마음속에 절망감이 차올랐다. 자신은 그 물건을 소유할 운명이 아니라고 여겨졌고, 어차피 누릴 수 없다면 그로부터 일찍이 멀어지는 편이 낫다고 생각했기 때문이다.

이렇게 운명론에 갇혀 살아가는 사람은 모든 건 이미 정해져 있다고 생각하기 때문에 세상을 냉소적으로 바라본다. 삶에 대한 열정과 목표를 이루고자 하는 원동력 따위는 존재하지 않는다. 인생의 참여자가 아닌 방관자로 살아가는 것이다. 이들이 인생을 창조적으로 이끌어 가기란 참으로 어려운 일일 수밖에 없다.

(2) 자격이 없다고 생각한다

끊임없이 무시당하며 자라 온 사람은 스스로를 형편없다고 여기기 때문에 자신은 좋아하는 걸 가질 자격이 없다고 생각하기 쉽다.

이들은 마음속 깊은 곳에 엄청난 수치감이 자리하며, 자신은 좋아하는 대상에 어울리지 않는 사람이라고 생각한다. 남보다 부족해 보이는 자신의 모습에 주눅 들어 긴장하고, 예상치 못한 일을 당하면 당황해 어쩔 줄 몰라 한다.

면접을 볼 때 긴장하고 초조해하는 사람은 대개 이 부류에 속한다. 이들은 좋아하는 사람이나 사물을 대할 때 지레 겁을 먹는다. 자신이 제대로 된 모습을 보여 주지 않아 사람들이 자신을 싫어할 거라고 걱정하기 때문이다. 그래서 좋아하는 대상에 대한 사랑과 열정을 자유롭게 표현하지 못한다. 어렸을 때 부모에게 제대로 사랑을 받지 못했거나 미움을 받아서 그럴지도 모른다.

이들은 좋아하는 사람이나 사물이 나타나면 다음과 같이 행동한다.

누군가 다가오면 자신이 미움받거나 거절당할지도 모른다는 생각에 두려워한다. 이들의 관심사는 사랑, 열정, 성의, 신뢰를 어떻게 표현할 것인가가 아니라 어떻게 하면 최악의 상황을 피할 수 있을까에 초점이 맞춰져 있다.

이들은 스스로를 신뢰하지 않으면서 바라고 추구하는 이상과 자신은 어울리지 않는다고 확신한다. 하지만 면접관, 상사 등의 사람들이 자신을 인정해 주길 바란다. 과거에 부모의 인정을 갈망하던 것과 마찬가지로 말이다. 하지만 자기 자신조차 신뢰하지 못하는 사람을 누가 믿고 의지하겠는가?

대학 시절 내 친구의 표면의식은 그 여학생을 좋아했지만, 잠재의식은 자신이 사랑받을 가치가 있는 존재라는 사실을 인정받고 싶어 했다. 때문에 그녀의 감정을 고려하고 배려하지 못한 것이다.

친구는 그녀가 자신을 더 많이 인정해 주고, 용기를 북돋아 주고, 먼저 다가와 자신을 받아들여 주길 바랐다. 결국 그의 이런 태도는 사랑하는 사람을 놓치게 만들었고, '나같이 형편없는 놈은 사랑받을 자격이 없어'라는 잠재의식만 입증했을 뿐이다.

(3) 실패를 용납하지 않는다

친구가 인생의 중요한 순간마다 긴장하고 노심초사하는 이유는, 실패할까 봐, 자신이 원하는 것을 얻지 못할까 봐 지나치게 두려워하기 때문이다. 발생할지도 모를 위험과 부정적인 결과에 관심이 온통 집중돼 있는 것이다.

결과를 통제하고 싶었지만, 두려운 감정에 늘 자신이 통제받기 일쑤였다. 때문에 실력을 제대로 발휘하지 못했다. 그의 성공을 가로막는 잠재의식 속에는 '나는 실패할 수 없다'는 신념이 강하게 자리 잡고 있었다.

그의 부모는 실수를 쉽게 용서하거나 이해해 주지 않았다. 그로 인해 어린 시절부터 그는 실수를 심각한 일로 받아들였고, 실수에 대해 강한 두려움을 느꼈다.

성인이 되고 난 후에도 마찬가지였다. 어려운 일을 마주할 때마다 '실수하는 것보다 손대지 않는 게 낫다'고 여기며, 안전하다고 느끼는 삶의 테두리 안에 머물러 지냈다. 작은 자극에도 과도한 스트레스와 부담을 느꼈으며, 인생의 여러 기회를 놓쳐 왔다.

인생은 수련 과정과 같다. 실패를 두려워할수록 좌절 속에 살아간다. 실패에 대한 두려움을 내려놓고, 잠재의식에 자리 잡은 제한적 믿음을 없애야 그다음 단계로 나아갈 수 있다.

(4) 시작도 전에 한계를 세운다

원하는 바를 이루는 일이 너무 힘들다고 생각해 제한적 믿음으로 스스로를 옭아매는 사람이 있다.

최근 이직하고 싶어 하는 내담자가 있었는데, 그는 마흔이 넘은 자신의 나이에 부담을 느끼고 있었다. 40대라는 이유로 자신에게 불리하게 작용하는 주변 환경들 때문에 더 우울해했다.

주변의 제약을 인정해 버리면 모든 것이 쉬워진다. 현실을 인정하고 모든 것을 단념할 수 있다. 헛고생은 애초에 하지 않을 것이다. 자신의 운명을 받아들이는 것이다. 원래 목표를 이루는 일은 어렵다고 스스로를 타이르면서 말이다.

하지만 추스젠은 일흔넷에 황폐한 산에 오렌지를 심어 두 번째 창업에 뛰어들었다. 당시 당뇨병을 앓던 그는 보석을 받아 병을 치료하고 있었는데, 대다수의 사람은 그가 재기하지 못하고 그냥 그렇게 살다가 죽을 거라고 생각했다.

추스젠은 달랐다. 평범한 생각에 구속받지 않았다. 그는 인생의 말년에 '추청(추가네 오렌지)'이라는 비즈니스 신화를 일궈 냈다. 그의 삶을 기적이라고 생각하지 않는다. 그는 주변 사람들이 만든 한계에 자신을 가두지 않았다. 결국 자신의 인생을 무한한 가능성으로 가득 채울 수 있었다.

당신도 결심한 일이 있는가? 가능성은 충분하다. 하지만 유의해야 한다. 이룰 수 없다고 믿는 순간, 일이 잘될 가능성은 사라진다. 당신의 잠재력은 결코 발휘되지 못할 것이다. 장애물을 생각하는 데 모든 신경이 집중돼 있을 테니까.

믿는 대로 생각하는 대로 실현된다

인생은 자기 예언의 과정이다. 이미 수많은 사례를 통해 인생은 믿는 대로 이뤄진다는 사실이 증명됐다.

'사랑이 단순하다'는 말을 믿지 않는 사람은 모든 사랑을 복잡하게 만든다. 결국 자신의 믿음대로 충분하지 못한 딱 그만큼의 사랑만 누리게 되고, 그렇게 얻은 사랑이 진정한 사랑이라고 생각한다.

'돈은 벌기 힘들기 때문에 절약해야 한다'고 믿는 사람은 돈을 절약하는 데 많은 에너지를 쏟는다. 그리고 아끼고 절약하는 행동에서 큰 성취감을 느낀다.

세계적인 대부호 워런 버핏은 "일단 돈을 절약하자는 생각이 들면 돈을 벌겠다는 생각이 자라날 수 없다. 그렇게 당신은 꾸준히 가난해질 것이다"라고 아주 날카로운 평가를 내렸다.

그렇다. 생각하는 대로 행동하게 된다. 생각하는 곳에 힘을 쏟기 때문에 결국 자신이 떠올리는 현실을 마주하는 것이다. 스스로가 믿음을 제한하고 있다는 사실을 자각해야 한다. 수시로 자신을 관찰하고 바로잡아야 제대로 성장할 수 있다.

자녀를 대할 때도 마찬가지다. 스스로를 자주 일깨워야 한다. 아이의 의욕을 꺾기만 할 것이 아니라 믿어 주고 격려하면서 아이에게 믿음을 심어 줘야 한다. 내가 원하고 노력하면 원하는 바를 얻을 수 있다는 믿음 말이다.

지금도 늦지 않았다. 이뤄지길 바라는 목표가 있다면, 지레 겁먹거나 실패를 먼저 떠올리며 움츠러들지 말고, 그 일을 성취하기 위한 방법들을 찾는 데 더 마음을 쏟으면 좋겠다.

물러날수록 상대는
더 많은 것을 원한다

한번은 어머니를 따라 암으로 화학 치료를 받는 사촌 이모 병문안을 갔었다. 60세가 넘은 이모는 줄곧 미간을 찌푸린 채 불쌍한 얼굴을 하고 있었다. 침대 가장자리에 앉아 어머니와 이모가 나누는 대화를 듣다가 이모가 한평생 얼마나 참으며 살아왔는지 알게 됐다.

이모는 어릴 때부터 아들만 편애하는 부모 밑에서 자랐다. 일찍부터 학업을 그만두고 집에서 어른들을 도와 농사일을 했다. 공부를 더 하고 싶었지만 말할 엄두를 내지 못했다. 결혼하고 남편은 술 마시고 집에 늦게 들어올 때가 많아 혼자 힘으로 아이를 키웠다.

평소 이웃이나 친척들이 돈을 빌려 달라고 찾아오면 여의치 않아도 먹을 것, 쓸 것, 아껴 모은 돈을 모아 빌려 줬지만 대부분 갚지 않았다.

돈을 갚으라고 독촉할 용기가 없었던 것이다.

얼마 전 아들이 아이를 봐 달라고 부탁해 아들 내외와 함께 살게 됐는데, 며느리가 기분이 안 좋을 때마다 이모는 외출해야 했다고 한다.

병문안 후 어머니는 "쟤는 매번 참고 살면서 남이 해 달라는 대로 맞춰 주고 마음이 불편해도 말하지 않고 언젠가 병이 나겠다 싶더니 결국 그렇게 됐네" 하고 탄식했다.

대개 심리적 문제를 일시적인 현상으로 여겨 몸을 상하게 만드는 주된 요인으로 생각하지 못한다. 하지만 습관적으로 화를 참다 보면 몸에 병이 난다.

화를 참기만 할 때 일어나는 일

심리학에서는 습관적으로 화를 참는 성격을 C형 행동유형, 즉 암유발성 성격이라고 명명한다. 연구 결과에 따르면, C형 행동유형을 가진 사람은 암 발병률이 보통 사람보다 세 배 이상 높았다.

C형 행동유형의 사람을 묘사하는 데 '화를 참고 잠자코 있다'와 같은 적당한 표현이 없다. '화를 참는 것'으로 감정을 처리하고, '잠자코 있는 것'으로 인간관계를 처리한다.

이들은 화를 참을 때 크게 두 가지 모습을 보인다.

첫째, 자신을 표현할 줄 모른다. 자기감정과 요구사항을 적절히 표현할 줄 모른다. 수동적으로 받아들이기만 하기 때문에 '꿀 먹은 벙어리'가 될 수밖에 없다. 언제나 대세를 따를 뿐 자신의 마음 깊은 곳에 있는 진실한 생각을 드러내길 두려워한다.

이들은 성장과정에서 주변 사람들이 자기감정을 표현하지 못하게 했을 가능성이 크다. 어린 시절 자신이 원하는 바를 말했을 때 제대로 받아들여진 경험 또한 많지 않을 것이다.

자신의 의견을 드러냈을 때 갈등이 일어나고 벌받은 기억이 있다면, 자기감정과 요구사항을 표현할 기회 역시 억압받았을 것이다. 이들이 자기 생각을 말하지 않고 갈등을 피하는 데 급급한 이유다.

어린 시절 이모는 부모로부터 아무것도 요구하지 못하게 교육받았다. 이모의 부모는 이모에게 "말대답하기만 해, 입을 찢어 놓을 테니!", "다시 말해 봐, 너 하나 못 죽일까!" 같은 말들을 끊임없이 쏟아 냈다.

이모는 집에서 조금도 존중받지 못한 채 자랐다. 남동생을 잘 돌봐야 하고, 동생과 싸우면 안 되고, 화가 나도 화를 내면 안 된다고 요구받았다. 행여 동생을 잘 돌보지 못하는 날에는 심하게 혼이 나곤 했다.

그렇게 자기 자신을 표현하지 않았고, 표현하지 말라고 강요받으며 자랐기에 무조건 참는 게 답이라고 생각할 수밖에 없었다.

이들이 의사를 표현하지 않는다고 실제로 아무 주장도 생각도 없는 게 아니다. 자기 생각과 의견이 있어도 정상적인 통로를 통해 표현하는 법을 모르는 것뿐이다. 때문에 시간이 지날수록 스스로 답답해질 수밖에 없다.

이모 역시 자신이 원하는 바를 추구하며 살았다거나 인간관계의 갈등을 풀어 본 경험이 없기 때문에 문제를 해결할 방법을 모르고 화를 참는 것만이 유일한 방법이라고 여겼다. 자신의 욕망과 욕구를 한데 뭉쳐서 꿀꺽 삼켜 버린 것이다.

둘째, 원만한 인간관계를 유지하기 위해 무조건 회피하고 물러서고 참는다. 그 결과 늘 당하기만 하고 자기 자신도 제대로 보호할 줄 모르는 '동네북'이 되고 만다.

이들은 자기감정과 요구사항을 표현할 줄 모를 뿐만 아니라 다른 사람의 지나친 요구를 거절하는 것도 어려워한다.

이모 역시 마찬가지였다. 돈을 갚지 않은 사람에게 돈을 달라고 말할 용기가 없어 참기만 했고, 며느리가 부당한 요구를 해도 적절하게 대처할 줄 몰랐다.

모든 문제의 뒷면에는 깊은 무력감과 공포가 자리 잡고 있다. 하나하나 따지고 들다가 겉으로 원만해 보이는 관계가 혹시나 깨질까 봐 두려운 것이다.

이모는 사람들과의 관계에서 자기감정을 돌볼 줄 몰랐고, 돌볼 필요에 관해 생각해 본 적도 없었다. 그렇게 인간관계를 잘 유지하기 위해 자신을 억누르고 상대의 감정을 더 중시하다가 자신을 처량한 처지로 내몰고 말았다.

누구도 이모에게 자기감정도 중요하고 존중받고 보호받아야 한다는 사실을 일러 주지 않았다. 자기감정을 존중하고 보호하려 시도할 때마다 혼났기 때문에 이모는 자기감정을 돌보는 일에 큰 공포감을 느꼈다. 어쩔 수 없이 모든 상황을 받아들여야 했고, 아무 의견도 없는 상태가 돼 버렸고, 사람들이 마음대로 쥐고 흔드는 지경에 이르렀다.

자기감정을 돌보지 않을 때 일어나는 악순환

C형 행동유형의 사람은 대체로 자신이 잠자코 받아 주기만 하면 인간관계가 원만히 유지될 것이라고 착각한다. 이렇게 맺은 관계는 보통 불평등하고 억압적이고 진실하지 않기 때문에 건강한 인간관계로 발전하지 못한다.

어느 관계에서든 존재감을 잃어 가고 사생활을 쉽게 침해당할 것이다. 자신의 의견을 주장하지 못하고, 무례한 상대의 요구를 거부하지 못하고 잠자코 있기만 하는 성격은, 내면의 억압된 어두운 감정을 점점 더 크게 키우고 화를 참는 악순환을 반복한다.

이들은 겉으로는 언제나 좋은 사람이다. 이런 이미지가 일으키는 가장 큰 문제는 자기감정을 돌보지 못하는 데 있다. 상대의 부당한 요구와 무례한 행동거지를 단호히 거부하고 반격할 수 없게 만든다.

아귀다툼을 벌이지 않고 마음의 평온함을 유지하는 성격의 사람들과는 다르다. 이들은 착한 얼굴이라는 가면 아래 크나큰 분노를 억누르고 있다.

오랫동안 해소되지 못한 채 억눌린 분노는 마음의 균형을 잃게 하고 자신과 주위 사람들을 원망하게 만든다.

아들만 편애하는 부모, 주정뱅이 남편, 돈을 빌리고 갚지 않는 사람들, 건방지고 무례한 며느리에게 이모는 아무렇지 않은 듯 행동했지만, 이모의 마음은 고통으로 무너질 대로 무너진 상태였다.

모든 원망과 불만이 내면에 쌓여 시시각각 이모를 조이고 있었다. 불만을 드러내거나 항의하거나 정당한 요구를 제기할 줄 몰랐다. 자기가 부족해서 사람들이 이렇게 대하는 거라고 애먼 자신을 탓했다. 심지어 모든 불행을 운명으로 돌리기도 했다. 자신은 원래 박복하게 태어났다고 생각하며 말이다.

이들의 마음속에는 수만 가지의 감정이 오가지만 겉으로는 잔잔하기만 하다. 자기감정은 무조건 억누르면서 다른 이들의 감정은 세심히도 살핀다. 그러다가 원망, 분노, 자기혐오의 감정을 번갈아 느끼며 몸과 마음이 병들지만 인식하지 못한다.

겉으로는 누구와도 잘 지낸다. '좋은 관계'는 상대의 요구사항만 잘 맞춰도 유지될 수 있기에 문제가 없다. 하지만 그 관계는 건강하지도 진실하지도 않다.

C형 행동유형의 사람은 관계를 유지하는 것만으로도 에너지 소모가 크기 때문에 자기 생각을 표현할 엄두를 내지 못한다. 묵묵히 모든 스트레스를 짊어지고 설움을 참는다. 외부에 도움을 청하지도 못한 채 고립무원의 상태에 빠져든다.

이들이 사람들에게 도움을 청하지 못하는 데는 또 다른 장애물이 있다. 이들은 누가 자신을 귀찮게 하는 건 참아도 자신이 남을 귀찮게 하는 건 참지 못한다. 누군가에게 하소연하고 도움을 청하는 건 남을 귀찮게 하는 일이라고 생각한다.

도움을 요청하는 데 불안감을 느끼는 이유는 자신의 가치를 낮게 평가하기 때문이다. 언젠가 누군가를 귀찮게 했거나 이해와 도움을 구했지만 냉랭하게 거절당했거나 질책당했을 수 있다.

이모는 암으로 외롭게 병실에 누워 있으면서도 어머니가 몇 번이나 찾아가 이야기를 나눈 끝에야 겨우 그간 억눌러 왔던 설움을 털어놓았다. 이로써 한풀이했다고 여길 수 있지만 너무 늦었을 따름이다.

많은 C형 행동유형의 사람이 이모처럼 분노를 느낄 때 참는 쪽을 택한다. 하지만 분노를 건강하게 해소하지 못하고 억누르면 우울과 절망으로 바뀌고 사람을 불가항력의 상태로 몰고 간다.

이 악순환은 끝없이 돌고 돈다. 분노, 우울, 절망, 외로움 등 오랫동안 이런 감정에 잠식당하다 보면, 정신뿐만 아니라 육체도 망가질 수밖에 없다.

다시 말해 무조건 화를 참는 태도는 별것 아닌 듯 보여도, 자신을 천천히 죽이는 행동과 같고 몸을 해치는 무서운 결과를 야기한다.

만약 몸이 말할 줄 안다면 "저 좀 돌봐 주세요! 한번만 저를 봐 주세요! 조금만 더 저를 사랑해 주세요! 조금만 더 보듬어 주세요!"라고 비명을 지를 것이다. 그리고 이 말들은 마음속에 담아 두고 꺼내지 못한 이들의 진심이다.

마음속에 쌓아 둔 설움과 분노는 해소되지 않으면, 신체적 반응으로든 어떻게서든 결국 터져 나오게 된다.

자기감정을 존중할 용기

암은 억눌린 설움과 분노가 왜곡되어 드러나는 병이다. C형 행동유형의 사람에게 가장 중요한 건 건강하게 자신을 드러내고 더 이상 자신을 억압하지 않는 법을 배우는 것이다.

프로이트는 인간의 행동을 이끄는 두 가지 대표적인 에너지는 성적 욕구와 공격성이라고 주장했다. 건강한 공격성은 삶의 근본이자 활력과 건강의 원천이 된다.

건강한 공격성을 기르기 위해서는 우선 자기감정을 돌보고 표현하는 법을 배워야 한다. 인간은 태어날 때부터 본능적으로 자기감정을 돌볼 줄 안다.

만약 자기감정을 돌볼 줄 모를 뿐만 아니라 남의 감정에 지나치게 신경 쓰는 사람이 있는가? 어린 시절 특수한 경험을 했을 가능성이 크다.

그 경험은 '나의 감정에 신경 쓰면 남에게 상처를 줄 거야', '나의 감정을 드러내면 그 사람이 나에게 안 좋은 감정을 가질 수 있어. 관계는 걷잡을 수 없이 나빠질 테고 나에게 복수할 수도 있어'라는 인지 오류를 낳았을 것이다.

하지만 그렇지 않다. 자기감정을 돌보는 일은 남에게 상처가 되지 않는다. 그간 상대와 맺은 관계가 애초에 착취를 바탕으로 한 것이 아닌이상 건강한 관계는 깨지지 않는다. 착취를 바탕으로 한 사이였다면 더더욱 염려할 필요도, 관계를 유지해 나갈 이유도 없다. 건강하지 않은 관계가 끝나야 새롭게 건강한 관계를 만들어 갈 수 있다.

자기감정을 지킬 용기가 없는 사람은 자신이 참거나 타협해야 원만한 관계를 얻을 수 있다고 생각하지만, 오해다. 이렇게 생각하는 사람은 자신의 가치를 제대로 보지 못하고, 자신이 존중받아야 한다고 생각하지 못한다. 또 자신보다 타인의 가치와 감정을 더 높이 평가한다.

하지만 기억해야 한다. 자신의 가치를 낮게 평가하는 건 자기에 대한 공격이라는 점을 말이다.

C형 행동유형의 사람과 자신의 가치를 낮게 평가하는 사람은 자기 감정을 표현하고 돌보는 법을 배워야 한다. 자신을 사랑할 줄 알아야 한다. 자기를 사랑할 줄 모른다면, 억울한 일을 당하도록 자신을 방치한다면, 악성 종양이 찾아와도 탓하지 말아야 한다.

자책하는 습관을 버려라

건강한 공격성을 가지려면 자책하는 습관을 버리고 자기감정에 귀를 기울여야 한다.

자책은 본질적으로 자기 자신을 공격하는 일이다. 자책하는 사람은 외부로부터 공격받을 때, 사람과의 관계에서 상처를 입을 때 자기 생각을 표현할 용기가 없으니 자기감정을 억누르는 일로 모든 일을 대체한다. 그러나 어두운 감정이 제때 해소되지 않으면 자신을 괴롭히는 시간만 계속 늘어날 뿐이다.

또 자책은 다른 사람을 향한 분노이기도 하다.

"어떻게 나한테 이럴 수 있어?"

"왜 이렇게 무례하게 굴어?"

"내 기분은 좀 생각해 줄 수 없어?"

자책하는 사람들이 흔히 갖는 생각이다. 자신이 그렇듯 상대도 자기 감정을 보살펴 줘야 한다고 여긴다.

안타깝지만 인간관계에서 타인의 행동을 통제할 방법은 없다. 자기 감정은 자신이 책임져야 한다. 모두에게 자유의지를 가지고 행동할 권리가 있지만, 그 행동이 나에게 상처를 준다면 나 역시 나를 보호할 권리를 행사해야 한다.

그렇기에 다른 사람에게 화를 내는 건 의미가 없다. 내가 해야 할 일은 나의 감정을 돌보고 아끼는 데 에너지를 쓰는 것이다. 자신을 사랑할 줄 알게 되면 자책할 일도 줄어든다.

다른 한편으로 자책은 자기 자신에 대한 분노다. 자신의 공격성을 외부로 표출하지 못하고 화살을 내부로 돌려 자신을 공격하는 것이다. 이때 스스로를 쓸모없는 존재로 인식하며 우울해한다. 자기를 때려 가면서 다른 사람에게서 받은 스트레스를 푸는 것이다.

자신을 공격하는 사람의 마음속에는 겁 많고 반격할 줄 모르는 어린아이가 살고 있다. 마음속 어린아이는 자신의 가치를 발견하지 못한 상태이기 때문에 외부로부터 공격받을 때 자학함으로써 스트레스를 해소한다.

마음속 어린아이에게 자신을 학대하지 말라고 말해 주자. 영원히 보호해 주고 아껴 주고 자책하지 않겠다고 약속하자. 화났을 때는 화가 났다고 큰 소리로 말해 보자.

사랑은 모든 것을 치유한다. 자기 자신을 사랑하는 건 곧 자신을 보호하는 길이다.

스스로를 존귀히 여기자. 자신을 중요한 사람처럼 대접해 주자. 또 자기 생각과 감정을 드러내길 주저하지 말자. 바깥세상은 생각하는 것만큼 무섭지 않다.

이제는 습관적으로 화를 참지도 말고, 잠자코 있지도 말자. 나를 더 존중할 수 있는 일들에 생각과 에너지를 집중해 보면 어떨까? 자기감정을 인식하고 표현하는 일부터 시작해 보면 좋겠다.

사랑이 다가올 때,
왜 두려워질까?

마음에 두고 있는 사람과 친밀한 관계를 형성하지 못해 문제를 겪는 사람들을 종종 만난다. 이중에 배우자로 인해 고통받는 이들이 있다. 이들은 배우자를 사랑하지 않지만 자신이 좋아하는 사람과는 이뤄지지 않을 것이 뻔하기에 차선책으로 현재의 배우자를 선택한 것이다. 이처럼 차선을 선택하는 사람은 이밖에도 여러 방면에서 자신과 타인을 곤란하게 만드는 경우가 많다.

어떤 사람은 겉으로 모든 사람과 친밀한 관계를 형성한 듯 보이지만, 실제로 진실한 관계로부터 도망치고 있는 것이다. 표면상으로 별문제 없이 친밀해 보이는 관계를 통해 자신의 진짜 문제를 덮고 넘어 가려 한다. 사람과 마음을 나누는 데, 진실한 관계를 형성하는 데 어려움을 겪고 있다는 사실을 말이다.

이들의 성장기에 무슨 일이 있었던 걸까? 왜 이렇게 행동할까?

답은 간단하다. 이들은 두 개의 자아를 가졌다. 하나는 진실하지만 약한 자아고, 다른 하나는 거짓이지만 강한 자아다. 후자는 전자를 보호하기 위해 태어난 보호자와 같다. 자신을 보호하기 위한 전략으로 거짓 자아라는 가면을 뒤집어쓴 것이다.

또 마음속에 두 개의 다른 목소리가 있다는 것도 안다. 보통 외부 자극에 반응하는 자아는 거짓 자아지만, 마음속에 진실한 자아가 숨어 있다는 사실을 말이다.

어떤 사람은 자신의 진실한 자아를 잊고 지내다가 외부에서 큰 압박을 받으면, 자기도 모르게 진실한 자아가 튀어나오기도 한다. 가령 평소 자신만만하던 사람이 압박 면접에서 스트레스를 이기지 못하고 엉망진창이 되는 경우가 그렇다.

어떤 사람은 겉으로는 강해 보이지만, 누군가가 자신의 내면을 꿰뚫어 보고 진실한 자신을 알아봐 주길 바란다. 다만 이들의 연기가 너무 자연스러운 나머지 사람들은 대체로 그 강한 모습에 매료당한다.

사람들의 구애는 이들의 허영심을 채워 주지만 깊은 공포감을 자아내기도 한다. 무의식에서 자신의 모습은 실제로 그렇지 않다고 경고음을 울리기 때문이다.

강한 척하는 사람과 연애를 하다 보면, 그와의 관계에 있어 늘 일정한 거리가 존재하고 그 이상 가까이 다가가기 어렵다고 느껴진다. 강해 보이는 그는, 사실 누군가가 자신을 좋아해 주고 관심을 주는 자체가 좋을 뿐 진실한 사랑의 관계를 쌓고자 하는 게 아니기 때문이다.

또 어떤 사람은 먼지 한 톨 묻지 않은 듯 도도하고 독립적일 뿐만 아니라 다른 사람과 관계를 쌓는 일에 전혀 관심이 없어 보인다. 그러나 누구보다 사람들로부터 사랑받고 싶어 하고, 구애받길 원한다.

안정감이 부족한 사람의 트라우마

앞서 말한 사람들 사이에는 공통점이 있다. 바로 누군가와 가까운 거리에서 자신의 진실한 자아를 드러내지 못한다는 점이다.

누군가와 가까운 거리에서 진실한 자아를 드러내지 못하는 이유는 안정감이 부족한 탓이다. 우리는 마음을 강렬하게 자극하는 이와 특별한 공감대가 형성됐다고 느낄 때 행복하다고 느끼지만 동시에 안정감이 흔들리기도 한다.

사랑은 통제를 느슨하게 만들어 우리의 대뇌가 이성을 상실하게 만든다. 또 상대에게 자신을 표현하고 싶은 욕구를 자극하고, 자신과 상대가 단단하게 연결되고 싶게 만든다. 상대가 자신의 희로애락을 알아주고 공감해 주고, 자신의 나약함을 받아 주길 바란다.

안정감이 부족한 사람은, 사랑을 시작할 때 일반적으로 기쁨보다 두려움을 더 크게 느낀다. 때문에 방어 기제를 사용한다. 즉, 거짓 자아로 자신을 보호함으로써 외부로 모순된 정보를 전달한다. 가령 친해지고 싶은 사람이었음에도 막상 다가오면 밀어내고, 원하던 관계였음에도 금세 거절해 버린다.

어떤 사람은 갈망과 거부를 동시에 드러내는데 이런 태도는 상대를 매우 혼란스럽게 하고 고통스럽게 만든다. 어떤 정보를 전달하고자 하는지 도무지 가늠할 수 없기 때문이다.

이처럼 극도로 안정감이 부족한 사람은 트라우마가 있을 가능성이 높다. 트라우마는 잠재의식 가운데 깊이 뿌리 내려 오랫동안 억눌린 상태이지만 잊힌 고통이다.

이들이 사랑을 이해하는 방식은 고정적이지 않은데, 과거에 그들이 참조할 만한 성공 사례가 없기 때문이다. 대개 어린 시절 부모로부터 사랑받거나 이해받지 못한 채 자랐고 그로 인해 부모와의 유대 관계가 잘 형성되지 않은 경우가 많다.

제2의 자아로 자신을 위장하고 트라우마를 잠시 잊고 지냈다 하더라도, 잠재의식 속에 스스로 사랑받을 존재가 아니라고, 자신은 행복할 자격이 없다고 느낀다. 이때 사랑하는 사람이 생기고, 자신에게 영향을 끼치는 사람이 등장하면, 그동안 드러나지 않았던 과거의 상처들이 되살아나 삶에 지대한 영향을 끼친다.

기꺼이 사랑할 용기, 기꺼이 상처받을 용기

사랑이 매혹적인 이유는 한 사람과 끈끈한 유대 관계를 맺을 수 있고, 어머니 품 같은 평온함을 느낄 수 있기 때문이다. 하지만 안정감이 부족한 사람에게 사랑이 불러일으키는 감정은 의심과 두려움, 분노와 불안이다. 이 복잡한 감정은 마음에 드는 사람과 친밀한 관계를 쌓지 못하게 만드는 장애물이 된다.

그런데 복잡한 감정을 해소하기 위해 자신을 복잡한 관계에 몰아넣는 사람이 있다. 복잡한 관계를 통해 어린 시절 어머니에게서 느꼈던 감정이 재현되기 때문이다. 사랑하면서도 미워하는 그 감정을 말이다.

어떤 사람은 반복해서 상대가 진심으로 자신을 사랑하는지 시험하려 든다. 끊임없이 어려운 문제에 봉착하도록 관계를 이끌고, 상대가 참지 못하고 자신을 떠나는 모습을 보고 싶어 애를 쓴다. 자신은 사랑받을 자격이 없다는 가정, 함부로 사랑을 믿으면 안 된다는 가정을 실현시키기 위해 말이다.

어떤 사람은 멀찍이 떨어져 사랑을 지켜보기만 할 뿐 한걸음도 내딛지 못한다. 자신은 사랑을 주고받을 자격이 없다고 믿는다.

어떤 사람은 끊임없이 사랑하는 사람을 괴롭힌다. 부모에 대한 분노를 잠재의식 속에 잘 억눌러 둔 채 지내지만, 그 분노가 자극되는 순간이 찾아오면 사랑하는 사람에게 분노를 표출해 버리는 것이다.

연애할 때 상대를 힘들게 하는 방식으로 관계를 추구하는 사람이 있다면, 그는 아마도 안정감이 부족한 상태이거나 연인 사이에 주고받는 사랑이 어색한 사람일 수 있다.

이 같은 불안정한 방식으로 관계를 추구하는 상대와 연애를 하고 있다면, 먼저 상대가 안정감을 충분히 누릴 수 있도록 도와줘야 한다. 상대가 이해할 수 없는 행동을 하더라도, 그를 꾸준히 사랑함으로써 그의 마음이 회복될 때까지 기다려 주는 게 가장 좋은 방법이다.

상대는 사랑받기를 무엇보다 갈망하기 때문이다. 어떤 상황에서도 그를 떠나지 않고 있는 그대로 사랑하고 받아 주면, 그는 확신을 얻고 점차 불안정한 상태로부터 벗어나 연인에게 마음의 문을 열 것이다. 그와의 진실된 관계는 그때부터 시작된다. 그러나 결코 쉽지 않은 일이다.

불안정한 사람과 연애를 시작하면, 관계의 어려움을 마주할 일이 많아진다. 때문에 안정감이 부족한 사람과 상호작용하는 사람들을 보면, 결국 지쳐 쓰러져 암담한 마음으로 연애를 끝내는 경우가 많다.

내적으로 안정감이 부족한 사람은 여러 모습으로 이를 확인할 수 있다. 가령 바람기가 많거나 습관적으로 양다리를 걸치거나 하는 식이다. 당신이 강인한 '구원자형' 성격의 소유자가 아니라면, 이때 후퇴는 가장 좋은 선택지다.

반대로 상대가 그렇게 행동할 수밖에 없는 과거의 경험과 제대로 치유받지 못한 트라우마를 이해하고, 불안정한 연애 방식으로부터 벗어나도록 그를 도울 수 있다면 견고한 유대 관계를 얻을 수 있을 것이다.

나아가 그의 여리고 진실한 자아를 꿰뚫어 보고 정서적인 만족감과 충분한 마음의 영양분을 줄 수 있다면, 그는 영원히 당신을 떠나지 못할 것이다. 당신은 그의 마음속 깊은 곳에 자리 잡아 그의 삶에서 가장 중요한 사람이 될 것이다.

하지만 중요한 사실이 있다. 그가 진정으로 원하는 게 무엇인지, 그가 거짓으로 지어낸 건 무엇인지 알아볼 수 있어야 한다. 이때 통찰력, 성숙한 인격, 공감 능력이 필요하다. 이 능력만 제대로 갖추면 그를 이해할 수 있다.

"누군가 심리적 문제를 겪고 있다면 그건 자신을 이해해 주는 사람을 만나지 못했기 때문이다"라는 어느 심리상담가의 말처럼, 이 세상에 해결할 수 없는 심리적 문제는 없다.

많은 사람이 운이 없게도 자신을 곤경에서 구해 줄 은인 같은 사람을 만나지 못했을 뿐이다. 하지만 자신을 구원해 줄 누군가를 마냥 기다릴 수는 없는 노릇이다.

곧 깨달을 것이다. 삶의 곤경으로부터 자신을 구해 줄 사람은, 인생의 역경으로부터 자신을 바른 길로 인도해 줄 사람은 자기 자신밖에 없다는 사실을 말이다.

사랑할 때 버려야 할 거짓 자아

사랑을 갈망하면서도 사랑할 용기가 없거나, 친밀한 관계를 맺는 데 어려움을 느낀다면 자신의 연애 방식을 돌이켜 보고 반성해야 한다. 스스로에게 질문해 봐야 한다.

'왜 사랑이 찾아올 때마다 움츠러들까?'
'무엇을 걱정하는 걸까?'
'왜 매번 삼각관계에 빠질까?'
'진심으로 사랑하는 사람은 누구일까?'
'왜 좋아하는 사람과 거리를 두려고 할까?'
'왜 살갑게 먼저 다가가지 못할까?'

타인에게 마음을 여는 게 두렵다면 진실한 자아를 드러내는 건 더욱 어려울 것이다. 자신을 표현하는 방법조차 모를 수 있다.

잘 포장된 자신을 보여 주기는 쉽다. 하지만 겉만 번지르르하게 살고 싶은가? 그게 당신이 진정 원하는 삶인가? 아니라면 진실한 자신을 드러내는 데 방해가 되는 장애물을 인지해야 한다. 무엇이 있는 그대로의 나 자신으로 살아가지 못하게 가로막는가? 진실한 나를 드러내는 일이 왜 두려운가?

친밀한 관계는 나를 비추는 거울과 같다. 이 관계를 통해 과거의 부족한 모습을 회복시킬 수 있고, 허구에서 벗어나 진실된 나로 살아갈 기회를 얻게 된다.

진실한 자아만이 내면을 소생시킬 수 있다. 내적 생명력을 일깨울 때 진정한 행복과 즐거움을 느낄 수 있다. 내면의 자아가 자양분을 얻지 못한 채 억눌리고 뒤틀린 상태로 살아간다면, 내면은 말라비틀어지고 삶은 고통으로 가득 찰 것이다.

거짓 자아로 아무렇지 않은 척 살아갈 수 있지만, 무의식에서 진실한 자아가 고통에 몸부림친다. 진실한 자아를 외면할수록 내면은 썩어 문드러질 것이고, 심각한 심리적 문제로 발전할 것이다. 진실한 자아를 찾는 일에 용기를 내야 하는 이유다.

거짓 자아로는 관계를 제대로 맺을 수 없다. 사랑할 용기가 없는 사람은 자신의 방어 기제, 거짓 자아를 내려놓지 못한다. 연애할 때 이 모습은 가장 두드러진다. 진실한 자아와 거짓 자아를 활용해 관계를 맺는데, 이는 상대의 감정을 가지고 논다고 말해도 지나치지 않다.

이들은 강렬한 정서적 욕구를 가지면서도 상대가 자신에게 상처를 줄까 봐 몹시 두려워한다. 그리고 자신을 진심으로 사랑하는 누군가가 있다는 사실도 믿지 않는다. 거짓 자아를 방패 삼아 연애하기 때문에 그 관계에 진심으로 몰두하지 못한다.

이런 태도는 내면의 문제를 방치하게 만들고 감정 놀이만 늘어나게 할 뿐이다. 진정한 사랑을 경험할 수 없도록 방해한다. 겉으로는 즐거워 보이지만, 진정한 사랑을 바라는 이들의 마음 깊은 곳에서 솟아나는 욕구까지 감추지는 못한다.

강렬한 정서적 욕구가 없다면 감정 놀이에 몰두할 이유가 없다. 태연해 보여도 속으로는 진실한 사랑을 간절히 원한다. 사랑이 존재한다는 사실을 누군가가 증명해 주길 바라지만, 사랑에 목매는 사람이 바로 자신이라는 사실을 전혀 깨닫지 못한다.

자신의 진정한 욕구를 깨닫는 건 중요하다. 유대 관계를 쌓는 필수조건이자 자아를 알아 가는 첫걸음이다. 너무 오랜 시간 자신과 남을 속인 채 지내다 보면, 자신의 진실한 자아가 무엇인지 구분하지 못하게 된다. 어떤 모습이 진실한 자아에서 비롯된 것인지 헷갈리는 것이다.

그동안 거짓 자아에 반응해 가면을 쓰고 지냈다는 사실을 인식하지 못하면 진실한 자아와 마주하기 어렵다. 진실한 자아를 깨닫지 못한 사람은 진실한 사랑이 찾아와도 두려워 다가가지 못할 뿐만 아니라 사랑을 받아들일 용기조차 발휘하지 못한다.

나를 있는 그대로 받아들여야 한다

연애할 때 사랑과 증오의 감정이 오락가락한다면, 상대에게 계속해서 상처를 준다면 어린 시절 부모와의 관계를 돌아볼 필요가 있다. 부모에 대한 분노가 사랑하는 사람에게 표출되는 것일 수 있다.

혹은 상대를 시험하고 싶은가? 이는 무의식에서 사랑을 믿지 않거나 자신이 사랑받을 자격이 있다고 믿지 못하기 때문에 생기는 의심이다. 상대가 시험을 견디지 못하는 것 역시 그의 문제가 아니라 당신의 문제일 수 있다.

왜 마음속에 이런저런 가정들이 끊이지 않는지, 왜 사랑을 시험하고 싶어 하는지 진지하게 고민해 봐야 한다. 심리적 트라우마가 문제의 원인일 수 있다.

사랑을 받지도 못하고 주지도 못하는 이유는 무엇일까? 무의식에서 냉정하게 사랑을 밀어 버리고, 과거에 경험한 감정 패턴이 반복되기 때문이다.

있는 그대로의 자신으로 살아가지 못하는 것도 과거에 자아가 부정당했기 때문이다. 당신은 자아를 포기하고 억누르며 잊으려 애써도 부정당한 자아는 그림자처럼 당신을 줄곧 따라다닌다. 이 그림자는 포기하고 싶어도 포기할 수 없는 당신의 진실한 자아의 일부다.

이제 당신은 당신의 그림자를 따뜻하게 안아 주고, 당신의 진실한 자아가 밖으로 나올 수 있도록 노력해야 한다. 나약하고 도움을 필요로 하는 그림자가 자신의 일부라는 사실을 받아들여야 한다.

나조차 나를 받아들이지 않는다면, 아무도 당신을 받아들이지 못한다. 또 당신의 마음은 영원히 안식을 찾지 못할 것이다.

삶은 진실할수록 더욱 큰 힘을 가진다. 자신을 이해해야만 자신의 그림자를 위로할 수 있다. 자신을 아는 것이 사랑을 얻기 위한 최고의 준비다.

아직 사랑이 나타나지 않았어도 괜찮다. 당신이 준비돼 있다면 사랑은 언젠가 당신의 마음의 문을 두드리며 찾아올 것이다.

마음을 준비시키고 기다린 시간만큼 당신의 사랑은 더 진실된 관계로 발전할 것이다. 그때야 비로소 당신에게 주어진 행복을 놓치지 않고 마음껏 누릴 수 있을 것이다.

습관적으로
침묵하는 속사정

"침묵형 인간이 점점 많아지는 현상에 대해 어떻게 생각하시나요?"

중국의 지식 공유 플랫폼 즈후에서 가장 많은 공감을 얻은 질문이다.

'수동형 침묵'이라고 불리기도 하는 이 현상은 많은 현대인의 고민을 반영하며, 다음과 같은 특징을 보인다.

여러 사람이 모인 곳에서 말할 때 긴장하고 초조해지고 주변 사람들을 지나치게 의식한다. 분명 마음속에 많은 생각과 의견이 있는데 정작 말해야 하는 순간 머리가 하얘진다. 결국 말할 용기가 사라진다. 소통을 원하고 교류의 유익을 알면서도 대범하게 반응할 수 없다.

수동형 침묵을 겪는 사람들은 대체로 다른 사람과 자연스러운 소통과 교류를 어려워한다. 나아가 자기 자신을 부정하는 상태에 이른다.

'나는 말을 잘할 줄 몰라', '내가 말하면 어색해질 거야', '다른 사람 앞에 서면 너무 긴장돼' 하고 생각하며 스스로 움츠러든다. 결국 나누고 싶은 마음도, 표현할 기회도 모두 포기해 버린다. 주변에서 도란도란 담소를 나누는 사람들을 부러워하면서도 침묵으로 자신의 긴장을 감추고 '말수 없는 사람'이 되길 자처한다.

내담자 중에 수동형 침묵 때문에 괴로워하는 대학교 3학년 샤오야가 있었다. 그녀는 학과 모임에서 자신이 잘 아는 주제로 사람들과 교류할 때조차 대화에 끼지 못했다.

친구들을 사귀고, 친구들과 대화하고 싶었던 샤오야는 자신의 상태를 극복하기 위해 무던히 노력했다. 친구들과 있을 때 마음속으로 하고 싶은 이야기를 정리해 보기도 했지만, 늘 한마디도 하지 못했다. 그렇게 사람들 사이에서 샤오야는 내성적인 성격을 가졌다고 여겨졌고, 자연스럽게 '침묵'하는 사람으로 분류됐다.

친구들은 일상적인 것이든, 학교생활과 관련된 것이든 샤오야에게 의견을 묻거나 도움을 청하는 일이 없었다. 모임이 있어도 그녀를 부르는 일이 드물었다. 그녀는 이를 매우 속상해했다.

주변에 샤오야 같은 사람을 쉽게 찾아볼 수 있다. 이들은 소통과 교류를 갈망하면서도 표현하는 방법을 알지 못해 침묵으로 자신을 위장한다. 왜 이 같은 모순에 빠졌을까? 혹시 말 못 할 사정이 있는 걸까?

인간은 생각을 표현하고 싶어 하는 존재다

생각을 표현하는 일은 본능적인 일이다.

의견을 나누는 일에 두려움을 느낀다면, 어린 시절 양육자와의 상호 관계에서 상처를 받았을 가능성이 크다. 자신의 진실한 생각을 표현했을 때 아무도 들어주지 않았거나, 부정당했거나 비웃음을 샀을 수 있다. 또는 자신의 의견이 타인에게 받아들여지지 않았거나 공격당했을 수 있다.

샤오야는 자신의 감정을 드러냈던 인생 최초의 경험을 들려줬다. 그런데 얌전하던 어린 아가씨가 갑자기 화를 내기 시작했다.

샤오야는 어릴 때 속상했던 경험을 회상했다. 매번 자신의 생각이나 의견을 말할 때 어머니는 자신을 상대해 주지 않았고, 하찮다는 듯이 바라봤다. 특히 공공장소에서 다른 집 아이들은 말도 잘하고 예의 바르다고 늘 칭찬하면서 그녀에게는 늘 화내기 바빴다.

"공공장소에서는 말을 가려 해야지, 생각났다고 바로 말하면 안 돼."

"어린 애가 뭘 알아? 알지도 못하면서 아무 말이나 하지 마."

"계속 더듬더듬 말할 거야? ○○는 똑 부러지게 말도 잘하던데."

"어쩌면 이렇게 철이 없니? 아저씨랑 아줌마가 비웃겠다."

"이런 꼴로 학교 가니? 선생님이 너를 잘도 좋아하겠다"

샤오야는 자신을 끊임없이 부정하는 어머니의 말을 들으며 자랐다.

어렸지만 그녀는 그 당시 정말 수치스러웠고 쥐구멍이라도 찾아 숨고 싶은 심정이었다고 말했다.

샤오야의 어머니는 샤오야가 사람들에게 예쁨받고 존중받는 일에 항상 신경 썼다. 그녀가 사람들에게 칭찬받으면 매우 기뻐했고, 조금이라도 뒤처지는 모습을 보이면 곧바로 불안해했다.

어머니의 엄한 훈육으로 인해 샤오야는 점차 자신감을 잃어 갔다. 마음속으로는 더 잘하고 싶었고 사람들의 사랑을 받고 싶었지만, 그럴수록 어떻게 행동해야 잘하는 것인지 알기 어려웠고 점점 서투른 모습으로 변해 갔다.

서툴게 행동하는 샤오야의 모습에 그녀의 어머니는 초조해했고, 손님들이 가고 나면 그녀를 앉혀 두고 한바탕 잔소리를 늘어놓았다. 이렇게 그녀는 장기간 동안 어머니의 잔소리와 질책 속에서 사람들과 상호작용하는 능력을 발전시키지 못한 채 살았던 것이다.

그 후로 어머니에게 혼나고 질책당하지 않으려고 샤오야는 말수를 줄었고, '침묵'으로 사람들을 대하기 시작했다. 그녀는 시간이 지날수록 자신의 생각을 솔직하게 말하지 못하게 됐고, 우물쭈물 말하는 사람이 돼 버렸다.

샤오야의 어머니가 그녀에게 미친 영향은 일상생활 곳곳에 스며들었다. 그녀는 어머니의 잔소리와 질책을 수용했다. 자신이 원래 표현 능력이 부족한 사람이라고 믿게 됐다. 그 결과 누군가와 교류할 기회가 생겨도, 자신감 없고 무기력한 못난 자신의 모습을 들킬까 봐 두려워 제대로 말하지 못하게 됐다.

샤오야의 어머니는 그녀에게 우수한 표현 능력의 기준을 끊임없이 주입했다. 명랑하고 대범한 태도, 눈치, 지혜, 사람들에게 사랑받는 자세 등을 이야기했다.

샤오야는 어머니의 기준을 충족시키지 못할 바에는 차라리 말을 하지 않기로 결심했다. 부족한 모습을 보여 부끄러워지거나 어머니에게 잔소리를 듣는 일보다 말을 하지 않는 게 더 낫다고 여겼기 때문이다.

어린 시절에 자기 생각을 꺼냈다가 상처를 입은 경험이 있는가? 이 같은 경험은 심리적 인지 오류를 야기하고, 잘 극복되지 않으면 스스로를 침묵하게 만든다. 어떤 심리적 인지 오류가 발생할까? 몇 가지 사례를 살펴보자.

(1) 생각을 표현하는 일은 자신의 능력 밖의 일이라고 인지

이들은, 생각을 표현하는 일은 일종의 능력이라고 여긴다. 그래서 일정한 기준에 도달해야만 이 능력을 갖출 수 있다고 생각한다.

이렇게 생각하는 사람들이 꽤 많다. 대개 어린 시절 양육자로부터 자신의 진실한 모습이 받아들여지지 않은 채 잘못된 관념을 배우며 자란 탓이다.

이런 양육자는 자녀의 진실한 모습을 받아들이지 않는다. 자신의 상상 속에 존재하는 '완벽한' 아이를 무척이나 사랑하기 때문에 그 '완벽함'을 기준 삼아 현실의 자녀에게도 이대로 행동하길 요구한다.

아이들은 양육자로부터 부정당하거나 비난받을 때 수치감을 느끼고 자신감을 잃는다. 진실한 자신은 부족한 존재이고 수준 미달이라 여긴다. 결국 '내가 완벽해지면 그때 말해야지. 제대로 말하지 않으면 망신만 당할 거야. 틀림없어'라고 생각하며 인지 오류가 일어난다.

진실한 자신을 받아들일 수 없고 사람들에게 망신당하는 일이 두려운 사람은, 여러 사람과 함께 있는 것 자체가 긴장되고 불안하다. 때문에 쉽게 말을 꺼내지 못한다. 침묵은 자신을 지키는 최고의 방법이기 때문이다.

(2) 소통은 목적을 이루기 위한 수단에 불과하다고 인지

이들은, 자신을 표현하는 일은 타인의 인정과 칭찬을 받기 위한 수단이지, 교류를 위한 수단이라고 생각하지 않는다.

타인의 평가에 예민하게 반응하기 때문에 자신의 진실한 생각을 어떻게 표현해야 할지 알지 못한다. 이런 애매한 상태는 수치감과 공포감을 더한다.

이 밖에 수동형 침묵을 겪는 사람은 타인의 말에 큰 관심을 쏟는다. 특히 마음속으로 타인의 발언이나 행동을 평가하고 판단하길 좋아한다. 자신이 보기에 잘한 것 같은 사람을 몹시 부러워하고 아닌 사람은 비웃고 깎아내린다.

이들에게 소통과 표현은 완전히 다른 의미이기 때문이다. 생각을 공유하고 표현하는 행위는 중요하지 않다. 그저 소통 방식을 통해 얼마나 사람들로부터 박수와 칭찬, 인정을 받을 수 있는지가 더 중요하다.

(3) 사람들의 무반응은 자신의 부족함 때문이라고 인지

이들은, 자기 생각을 말하는 동시에 인간관계를 갈구한다.

사람들이 자신의 말에 반응해 주길 원하고, 말의 내용과 상관없이 무조건 누군가가 피드백해 주길 바란다. 이런 요구와 갈망을 드러냈을 때 사람들이 응해 주지 않으면, 그들은 자신의 요구와 갈망이 잘못된 건 아닐까 의심하고 수치감을 느낀다.

'나는 네가 필요해. 그런데 너는 날 만족시켜 주지도 않네. 너는 내가 필요하지 않나 보다. 나한테 문제가 있는 게 틀림없어' 하고 생각한다.

자신이 원하는 바를 얻지 못해 생기는 수치감을 피하려고 점차 내면의 요구와 갈망을 억누른다. 상대의 반응을 요구하거나 바라지 않겠다고 다짐하며 실망하지 않으려고 애쓴다. 결국 인간관계를 피하는 지경에 이른다. 자기 생각이 마치 망망대해에 모래 한 알을 던진 것 마냥 사람들에게 아무런 반응을 얻지 못할까 봐 두려워한다.

이들의 모습에서 회피성 침묵과 수동형 침묵 뒤에 수없이 실망하고 상처받은 마음이 자리한다는 사실을 알 수 있다.

침묵의 굴레에서 벗어나는 법

어떻게 수동형 침묵에서 벗어날 수 있을까?

먼저, 사람들과의 교류는 자신의 능력을 시험하는 일이 아니라 사람들과 상호작용하고 소통하는 단순한 일이라는 사실을 인지하고, 자신의 능력과 무관한 일이라는 사실을 깨달아야 한다.

나는 샤오야가 여러 문제의 선후 관계를 정리할 수 있도록 도왔다. 이를 통해 인간관계에 대한 잘못된 개념들을 바로잡아 나갈 수 있었다. 그리고 수동형 침묵을 극복하기 위해 다음과 같이 노력했다.

첫째, 사람들과 어울리는 일이 평가받고 시험당하는 일이 아님을 인지하자.

잘 어울리지 못해도 사람들은 쉽게 싫어하거나 거부하지 않는다. 사람들과 어울리는 일은, 밥 먹고 물 마시는 것처럼 본능적인 필요에 따르는 일이다.

스스로를 평가할 권리는 있지만, 남들이 좌지우지할 권리는 없다. 그러니 나 역시 남을 평가하는 일은 하지 말아야 한다.

상대가 말하는 내용에 더 주의를 기울이자. 거부하고 꼬투리를 잡는 마음으로 다른 사람을 대하지 말자. 다른 사람을 있는 그대로 받아들이겠다는 마음가짐으로 사람들과 교류해 보자.

다른 사람을 온전히 받아들이고 생각을 잘 표현하는 법을 배우고 타인을 평가하지 않으면, 자기 자신도 있는 그대로 받아들일 수 있다. 이로써 다른 사람의 평가에 연연하는 습관으로부터 자유로워질 수 있을 것이다.

둘째, 두려움과 불안을 직접 마주해야 한다.

수동형 침묵을 겪는 사람은 심리적 트라우마로 인해 사람들과 어울리는 일에 있어 두려움을 느끼고 불안해한다. 하지만 어렵더라도 공포와 불안을 회피하지 말고 의식적으로 대면하기 위해 노력해야 한다.

이들의 공포와 불안은 어린 시절 양육자로부터 거절당한 경험으로부터 생긴 것이다. 그 감정 뒤에는 도움 구할 데 하나 없는 절망적인 어린아이가 숨어 있다. 그 마음속 어린아이를 돌아봐야 한다. 아이를 꼭 안아 주면서 네 탓이 아니라고 말해 주자. 그동안 아주 완벽히 잘해 왔다고, 전혀 부족하지 않다고 말해 주자.

샤오야는 자신의 두려움 뒤에 웅크리고 있는 서러움 가득한 여자아이를 발견했을 때 큰소리를 내며 울었다. 오랜 시간이 지났지만 그녀의 마음에 서럽고 두렵고 무기력한 감정이 계속 남아 있었다. 이 감정이 앞으로 나아가려는 그녀의 발걸음을 가로막고 있었던 것이다.

셋째, 예민함이나 긴장감을 없애는 데 에너지를 낭비하지 말자.

수동형 침묵을 겪는 사람들은 대체로 예민한 편이다. 하지만 억지로 자신의 예민함과 긴장감을 없애려고 애쓸 필요는 없다. 예민하고 긴장된 상태 그대로 내버려 두자. 두려워할 수 있도록 자신을 허락해 주자.

자신에게 무리한 요구를 강요하기보다 자신의 부족함을 받아들이고 진정으로 자신을 이해하기 위해 노력하는 일이 더 쓸모 있다. 두려워하고 예민하게 반응하고 긴장되는 마음들을 내버려 두고 존중하자. 차차 해소될 것이다.

샤오야는 자신이 두려움이 많은 이유가 과거에 부정당했던 마음속 어린아이가 지금까지 받아들여지고 위로받지 못했기 때문임을 깨달았다. 다시는 마음속 어린아이를 난처하게 만들고 싶지 않았다. 그녀는 부정적인 감정을 피하고 없애는 일에 집중하지 않기로 다짐했다. 자신을 있는 그대로 받아들이고 이해하는 일에 에너지를 쏟았다. 시간을 두고 자신의 감정들이 해소될 때까지 기다렸고, 점점 더 나아지기 위해 노력했다.

자기 자신을 표현하는 일은 삶의 중요한 원동력이다. 동물도 자신을 드러내고 싶어 하는데, 하물며 언어와 생각을 지닌 인간은 어떻겠는가? 기나긴 침묵을 좋아하는 사람은 없다. 영원한 무관심을 좋아하는 사람은 더더욱 없다.

진정한 자신으로 살아가지 못한 채 침묵만 고집한다면, 삶의 여러 기회를 놓치게 될 것이다. 자신의 한계에 갇힌 채 잠재력을 발휘하지도 못할 것이다.

자기를 표현하지 못한 채 살아가는 사람은 동굴 속에 숨어 사는 것과 같다. 동굴 안의 모든 것이 자기 손안에 있겠지만 그 공간은 안타깝게도 너무 좁다. 거기서 차근차근 계획대로 행동할 수는 있어도 그 밖으로는 단 한 발자국도 내딛지 못하기 때문이다.

운이 좋다면, 누군가가 구원의 손길을 내밀어 줄지도 모른다. 그 손이 동굴 밖으로 나갈 수 있도록 이끌어 주고 넓은 세상으로 훨훨 날아갈 수 있도록 도와줄 것이다. 하지만 도움의 손길이 있더라도 두려움을 떨쳐 내지 못한다면, 그 마음에 발이 꽁꽁 묶여 동굴 밖으로 한 발자국도 나갈 수 없을 것이다.

한평생 기다리기만 할 수도 있다. 침묵하며 지내는 자신을 누군가 동굴 밖으로 구출해 주길 바라지만, 그런 은인 같은 사람을 영원히 만나지 못할 수도 있다. 그러니 기다리지만 말고, 용기를 내 능동적으로 자기 자신을 되찾으며 살아가길 바란다.

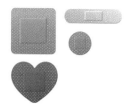

피해자 콤플렉스에서 벗어나야 한다

피해자 콤플렉스에 빠진 사람을 만나 본 적 있는가?

자기 인생과 다른 사람에 대한 불만이 가득하고 끊임없이 잘잘못을 따지며 불평을 멈추지 않는 사람, 세상은 불공평하고 사회가 바로 굴러가지 않아 자신이 성공하지 못한다고 분개하는 사람, 직장에 대한 부조리와 불만을 늘어놓고 그곳에서 인정받지 못하는 자신의 처지를 한탄하며 밝은 미래는 없다고 하소연하는 사람 말이다.

처음에는 그 같은 사람을 만나면, 사정을 잘 모르니 그의 서러움 가득한 하소연에 연민과 동정의 마음이 생긴다. 정말 안타깝고 운이 참 나쁘다는 생각이 들어 이런저런 조언과 위로로 그를 격려하며, 두 팔 걷어붙이고 나서서 좋은 직장을 소개해 주기도 한다.

한바탕 난리를 치고 난 후에 깨닫는 건 이들은 타인의 조언을 귀담아 듣지 않고 말로는 알겠다고 하지만 행동으로 옮기지 않는다는 사실이다. 심지어 조언 하나하나에 반박하며 '그 길은 막다른 골목'이라는 증거를 늘어놓고 해결책이 없다고 결론 내린다.

해결책이 없기 때문에 그들은 매일 하소연하고 불평하면서 세상에 대한 분노를 차곡차곡 쌓아간다. 결국 이들은 자신을 옭아매는 거미줄 같은 자질구레한 일들에 둘러싸여 한 발도 내딛지 못할 것이다.

기회가 없다고 생각하는 사람들의 변명

상담을 하다 보면, 자신의 재능을 펼칠 기회가 없다고 생각하는 사람들을 자주 만난다. 이들은 다른 건 잘 못 해도 화내는 데 일가견이 있다. 이들은 무엇 하나 잘하는 게 없지만 삶에 대한 신념만은 확고하다. 신념을 인생의 무기라고 생각하기 때문이다.

그 '신념'은 정말 단순하다. 바로 매사에 화내고 우울해하는 것이다. 가령 세상이 불공평해 자신에게 기회가 없다고 화를 낸다. 중국의 뛰어난 시인 굴원과 송옥을 능가하는 재주를 가졌음에도 이렇게 살 수밖에 없는 자신의 처지에 우울해한다.

실제로 뛰어난 재능이 있지만 기회가 없는 사람들도 있다. 하지만 극

소수일 뿐이다. 세계적인 화가 반 고흐와 중국 최고의 시인 두보가 대표적이다. 그들은 뛰어난 작품을 남겼고, 훗날 재능을 인정받았다.

억울한 일을 당하는 사람들도 많지만 '매번 괴롭힘당한', '모든 사람이 괴롭힌' 일은 아주 드물다.

결혼 생활이 괴롭다며, 시집을 잘못 갔다고 말하는 친척이 있었다. 자신은 여러모로 완벽한 조건을 가졌는데, 남편은 어느 하나 만족스러운 구석이 없다고 하소연했다. 그렇게 10여 년을 우울한 상태로 지내다가 그녀는 50대에 유선암으로 세상을 떠났다.

더 비극적인 일은 자녀들의 미래였다. 부모의 사이가 좋았던 적이 없기 때문에 그들 역시 사랑에 큰 흥미를 느끼지 못했다. 어머니가 돌아가시면서 각자 뿔뿔이 흩어졌고 서로 왕래하지 않았다.

결혼 생활이 실제로 불행한 사람도 많다. 하지만 이로 인해 한평생 괴로워하다가 병에 걸려 세상을 떠나는, 자녀들에게까지 악영향을 끼치는 일은 흔하지 않다.

매사에 억울하다고 느끼는 사람들은 같은 사고방식을 가지고 있다. 바로 '피해자 모드'다. 피해자 모드는 자신이 처한 상황에 불만을 느끼고 삶이 엉망이 된 이유와 원인을 외부 사람과 일에서 찾는 상태를 말한다. 그 같은 생각 때문에 매사에 억울함을 느낀다.

자신을 피해자라고 생각하기에 항상 세상과 주변에 불만과 분노가 가득하다. 건강까지 해쳐 가면서 말이다. 이들의 직장 생활과 가정생활은 대체로 자신들의 불평대로 불행해지고 끝내 파국으로 치닫는다.

언제나 자신에게 닥친 불행의 원인을 '내 팔자가 나빠서'로 돌린다. 자기 자신은 잘못한 게 없고 모두 다 운명의 농간이라 여긴다.

운명은 무엇일까? 운명에는 마음이 투사된다. 성격이 곧 운명이라고 말하는 것도, 성격이 세상을 바라보는 방식을 결정하기 때문이다.

마음이 세상을 이해하는 대로 살게 된다. 심리학에서 이를 '자기충족적 예언'이라고 부른다. 자기충족적 예언이란 자기도 모르게 이미 알고 있는 예언대로 행동해 예언이 실현됨을 말한다.

가령 자신은 공부와 맞지 않다고 생각하면 시간이 있어도 공부하지 않는다. 공부해도 안 될 거라고 믿기 때문이다. 결국 엉망인 시험 성적표를 받아 들고 '역시 나는 공부할 사람이 아니라니까'라며 자기충족적 예언을 실현할 것이다.

직장에서 나타나는 자기충족적 예언은 이렇다. 당신과 부하 직원이 잘 맞지 않는다는 말을 들으면, 부하 직원의 부족한 점이 눈에 들어오고 점점 눈엣가시처럼 여기다가 결국 작은 일로 사이가 틀어져 더 이상 같이 일할 수 없는 상태에 이르게 된다. 예언이 현실이 된 것이다.

반대로 부하 직원이 일을 잘한다고 생각하면, 자연스레 재능을 펼칠 수 있도록 기회를 주고 실수를 해도 포용하게 된다. 부하 직원 역시 당신을 실망시키지 않기 위해, 스스로 성장하기 위해, 더 노력할 것이다.

피해자 콤플렉스에서 벗어나는 법

피해자 모드는 흔한 심리 상태다. 좌절을 겪을 때 선택하는 일종의 자기기만이자 자기 보호 전략이다. 인생에서 좌절을 피할 수는 없다. 때문에 좌절할 때 어떻게 대처해야 하는지 알아야 한다.

좌절의 순간에 사람들의 심리 상태는 크게 다섯 단계로 분류된다.

▷ 부정 단계: 문제적 사실을 애써 부정하고 현실로부터 도피하려 한다.

▷ 분노 단계: 일부 사실만 인정한다. 일이 뜻대로 되지 않아 분노한다.

▷ 협상 단계: 해결 방법을 모색한다.

▷ 우울 단계: 현실을 완전히 수용하지는 못하지만 행동으로 반응한다.

▷ 수용 단계: 현실을 받아들이고 문제를 처리하기 시작한다.

보통 사람들은 좌절할 때 부정, 분노의 단계를 지나 협상, 우울, 수용의 단계에 진입하고 마지막에 현실을 수용하고 재정비하는 시간을 갖는다. 자신과 현실의 관계를 재조정하고 문제를 극복하기 위해 노력하며 목표를 다시 설정하는 등 실패로부터 교훈을 얻고자 한다.

반면 부정, 분노의 단계에 머무르며 현실을 마주하길 거부하는 사람도 있다. 이들에게 좌절은 곧 위협이기 때문이다.

현실을 인정하지 않고 타인과 외부 세계를 부정함으로써 자신을 보호하려 한다. 자신을 기만하는 도피 전략으로, 외부로부터 쏟아지는 공격만 잠깐 피할 뿐이다. 이때 가장 큰 손해는 성장할 기회를 놓친다는 것이다.

또 외부 세계에 대한 불평을 늘어놓으며 자신에게 억울한 이미지를 씌우는 사람도 있다. 스스로를 피해자로 각인시켜 이득을 보려 한다. 여기서 이득은 심리적으로 얻는 자기 위안이다.

습관적으로 주변을 탓하고 불평하며 자신이 제대로 된 기회를 얻지 못했다고 여기는 사람들 마음속에는 나약하고 힘없는 자아가 자리잡고 있다. 현실을 마주할 능력이 없기 때문에 자기 위안을 통해 실패를 덮을 수밖에 없다.

어떻게 하면 피해자 모드에서 벗어날 수 있을까?

(1) 스스로 책임지는 법을 배우자

피해자 모드의 뿌리는 스스로 책임질 줄 모르고 바깥세상이 대신 책임져 주길 바라는 데 있다. 주변 상황이 자신의 마음에 맞지 않으면 불평하고, 우울한 감정에 자신을 빠뜨려 행동력을 상실한다.

성숙한 어른이라면 자기 삶은 자신이 책임져야 한다. 얻고 싶은 것이 있다면 직접 쟁취해야지, 다른 이가 가져다주길 바라고만 있으면 안 된다. 그 누구도 대가 없이 움직이지 않는다. 또 완벽한 환경과 사람도 존재하지 않는다.

피해자 모드를 지닌 사람은 비현실적인 꿈을 꾸며 살아간다. 세상이 자신의 계획에 맞춰 변화되길 원하고, 누군가 나타나 자신을 불행한 삶으로부터 구원해 주길 바란다.

(2) 관용을 베푸는 법을 배우자

성숙한 마음의 지표인 관용은 진실한 자아를 강하게 만들어 준다. 때문에 다른 사람에게 관용을 베푸는 일은 자신에게 너그러운 마음을 갖는 일과도 같다.

관용을 베푸는 법을 배우기 전에 세상에 완벽한 존재는 없다는 사실을 먼저 인정할 수 있어야 한다. 자신의 기준과 생각에 맞춰 세상이 움직이길 원하는 사람은 관용을 베풀기 어렵기 때문이다.

모두 각자만의 생각이 있고, 세상도 특정한 개인의 의지로 움직이지 않는다. 이를 깨닫지 못해 마음속 분노를 자극하고, 모든 원망의 화살이 부메랑이 돼 돌아오기 전에 타인과 세상, 자신을 향한 지나친 기대는 버리도록 하자. 너그러운 마음으로 관용을 베풀도록 하자.

(3) 자아의 성장을 독려하자

현실을 마주하는 건 자아를 시험하는 일이기도 하다. 피해자 모드인 사람은 현실을 마주하지 못하는데 자아의 힘이 부족하기 때문이다. 성장 과정에서 부모로부터 받은 인정과 격려가 부족할수록 더욱 그렇다.

전문적인 심리 상담을 받을 수 있다면 받도록 하자. 유년기를 되돌아보며 부정적인 자아를 수정하도록 권한다.

(4) 의식적으로 감사하는 연습을 하자

외부 세계를 부정함으로써 우월감을 유지하는 방식은 다른 사람의 장점을 보지 못하게 만든다. 또 여기서 얻은 우월감은 그 자체가 허구이기 때문에 늘 스스로가 부족하다 느끼게 만들고, 자신이 가진 것조차 누리지 못하게 한다. 감사할 줄 모르게 만든다.

불평하는 데 모든 에너지를 쏟으면, 자연스레 행동력을 잃고 자신의 것을 다른 사람에게 나눠 주는 기쁨 따위는 절대 경험할 수 없게 된다. 어떤 일에 성공했을 때 받는 긍정적인 피드백과 교류를 경험하지 못하기 때문에 악순환에 빠지고 만다.

뛰어난 재능을 가지고 있지만 사람들로부터 인정받지 못한 것 같아 우울하고 낙담될 때, 세상에 대한 분노가 치밀어 오를 때 스스로에게 '유치하게 굴지 말고 정신 차리라'고 한마디 해 주자!

나에게 없는 것보다 있는 것에 집중하며 스스로를 격려하고, 할 수 있다면 남을 돕는 일에도 참여해 보자. 인생에 불평할 일보다 감사할 일이 더 많다는 사실을 깨닫게 될 것이다.

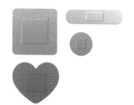

평생 무기력한 상태로
살 것인가?

언젠가부터 주변에서 자주 들려오는 말이 있다.

"점점 집순이가 돼 가는 것 같아."

"주말만 되면 아무것도 하기 싫고 그냥 집에만 있고 싶어."

"집 밖에 나가면 재밌겠지. 근데 별로 나가고 싶지 않아."

과거 소수에게만 보이던 집에만 콕 박혀 있는 '집콕' 라이프스타일이 요즘 사람들에게는 흔한 일상이 된 듯하다.

"주말에 어디 가?"

"아무 데도 안 가. 집에 있어."

이런 대화가 점점 늘어나고 있다. 동시에 집콕과 깊이 연관된 또 다른 문화가 젊은 세대를 중심으로 유행하고 있다. '상 문화'가 그렇다.

한국 청년에게 'N포 세대'가 있다면, 중국 청년에게 상 문화가 있다. '상실'을 뜻하는 유행어로 드라마 〈나는 우리 집을 사랑해〉에서 배우 거요유가 소파에 널브러져 있는 모습이 온라인상에서 퍼지면서 시작됐다.

'거요유 눕방'이라고 불리는 이 사진은 많은 이에게 공감을 불러일으켰는데, 거요유의 모습에서 드러나는 무기력함과 의기소침함이 지금 청년들이 느끼는 피로감을 정확하게 반영했기 때문이다.

어떤 사람에게 집콕은 인간관계로부터의 도피를 뜻한다. 인간관계가 불편하고 이로부터 자양분을 얻지 못하기 때문에 도망치는 것이다. 이 마음이 외부적으로 드러난 현상이 집콕이다.

이들은 밖에 나가 사교 활동에 참여하는 것보다 집에서 휴식을 취하고 게임을 하는 걸 더 선호한다. 또 자신의 통제권 안의 일들만 하고 싶어 하고 그 밖의 일들은 꺼려한다.

상실이 깊을수록 철저하게 마주해야 한다

상실은 자신에게 무기력함을 느낄 때 나타나기도 한다. 심리학에서는 이를 '학습된 무기력'이라고 부르는데, 반복된 실패와 노력해도 나아지지 않는 상황 때문에 점점 우울해지는 것이다. 나아가 자기 능력에 대한 확신과 자신감이 사라지면서 무력과 절망을 느낀다.

상실은 신체적으로 깊은 피로감을 유발한다. 또 정신적으로 의기소침해지다 보면 가벼운 우울감으로 이어지기도 한다.

젊은 세대에게 집콕은 자조적 표현이다. 기꺼이 포기하는 태도도 마찬가지다. 이들은 세속적인 성공을 추구하며 큰 스트레스를 짊어지고 살아가지만, 성공이 저 멀리 있다고 느껴지면 외부 세계에서 얻을 수 있는 영광을 바로 포기해 버린다. 자신은 원래 평범한 인간이었기 때문에 아무것도 하지 않고 누워 있는 것도 괜찮다고 생각한다.

이 같은 태도는 '어쩔 수 없다'는 마음의 표현이자, 과도한 스트레스를 해소하기 위한 마음의 분출구이기도 하다. 이 분출구가 안쓰럽지만 지금 젊은 세대가 선택할 수 있는 몇 안 되는 선택지가 돼 버렸다.

집콕과 상실 외에 다른 방법으로 스트레스를 해소할 수는 없을까? 대체 무엇이 젊은 세대를 이토록 상실하게 만들고 무기력하게 할까?

어떤 사람이 무리에서 뒤떨어지는 이유는 그가 노력하지 않았기 때문이 아니다. 느슨해지는 순간, 수많은 비난과 질책이 기다렸다는 듯이 그에게 쏟아진다. 아무도 그를 이해해 주지 않는다. 결국 주변으로 밀려나게 된다.

이런 일을 자주 겪다 보면 사람들은 자기도 모르게 자신의 자질을 무시해 버리고, 더 적극적으로 행동하도록 자신을 강요한다. 자신의 원래 성격은 점차 사라지고 출세와 성공만 좇는 사람이 되어 간다. 행동하지 않으면 압력을 받기 때문이다.

성공하지 않으면 아무도 자신을 존중하지 않을 거고, 자신의 가치는 사라질 거라고 생각한다. 간단하고 거친 기준이 자신과 타인을 가늠하는 유일한 잣대가 된다. 수많은 적극적인 사람은 자신의 불합리한 행동을 돌아볼 겨를도 없이 그 기준을 표준 삼아 행동하게 된다.

이처럼 마음속에서 자기 자신을 폭력적으로 개조하는 일을 나는 '몰개성화'라고 부른다. 개성을 제거하는 이 과정은, 반성할 능력이 없는 평범한 개인이 통제하기 어려운 일이다.

인간은 규칙을 정하는 데 천부적인 재능을 갖고 태어난 듯하다. 이 자랑스러운 재능을 위해 자신을 희생하고 피해자를 자처하기도 한다. 그렇다. 많은 사람이 규칙의 참여자이면서 제작자인 동시에 피해자다.

집콕과 상실을 추구하게 된 이유

집콕과 상실의 상태가 사람들 사이에서 널리 퍼진 이유는 무엇일까? 사람들은 왜 무기력하고 의기소침해졌을까? 왜 문을 닫아걸고 사람들을 피하게 됐을까? 왜 사람들은 '소확행'과 자조로 자신을 위로하게 됐을까? 사람들이 집콕과 상실의 상태를 추구하는 몇 가지 이유가 있다.

(1) 세상과 분리되고 싶은 마음

많은 사람이 인간관계에 염증을 느끼고 일부러 회피한다. 이는 외부의 인간관계 평가 방식에 문제가 있음을 의미한다.

가령 인간관계에서 만연하게 일어나는 비교를 문제로 꼽을 수 있다. 사람들은 경제적 능력, 사회적 지위, 외모 등을 끊임없이 비교하면서 우월해지고 싶어 한다. 하지만 비교는 동전의 양면과 같아 많은 스트레스를 유발한다.

'잘생긴 얼굴이 정의다', '근심과 걱정을 해결하는 유일한 방법은 벼락부자가 되는 것뿐이다'와 같은 구호를 입에 달고 산다. 얼마나 많은 사람이 벼락부자인지, 또 벼락부자가 될 가능성은 얼마인지 모르지만 말이다. 자신과 남을 지나치게 비교하다 보면 스스로 쓸모없다고 느끼게 되고 점점 무기력해질 수밖에 없다.

많은 사람이 집콕하면서 인간관계를 회피하는 이유는 적어도 방문을 닫아걸면 잠시라도 외부 세계와 단절될 수 있기 때문이다. 자신에게 너무 많은 것을 요구하는 세상을 충족시키지 못할 바에 그냥 집에 숨어 버리는 게 낫다고 생각하는 것이다.

(2) 실용주의에 매몰된 사고방식

실용주의는 젊은 세대 사이에 뿌리 깊게 박혀 있는 사상이다. '쓸모없는 일은 하지 않는다'는 이들의 대표적인 사고방식일 것이다.

하지만 우리의 인성까지 '쓸모 있는 것'과 '쓸모없는 것'으로 구분할 필요는 없다. 우리의 영혼 역시 쓸모 있는 것과 쓸모없는 것으로 구분하지 않아도 된다.

쓸모가 '있는 것'과 '없는 것'은 사회적 요구에 따르는 물질세계에 존재하는 개념이다. 사물을 분류하는 하나의 방법일 뿐이다. 하지만 안타깝게도 이 분류법은 이미 너무 널리 퍼져 버렸다.

이익이 되면 무언가를 하고, 안 되면 아무것도 하지 않는다. 우리에게 도움이 될 만한 사람이면 사귀고, 당장 도움이 될 것 같지 않은 사람은 사귀지 않고 심지어 피하기까지 한다.

대부분의 사람이 실용주의 관점으로 사물을 인식하고, 그와 똑같은 방식으로 사람을 대한다. 모든 것을 목표 실현을 위한 도구로 본다. 이같은 태도가 만연해질수록 인간관계에 대한 염증과 회피의 정도는 점점 더 커진다.

사실 타인을 도구로 대하는 건 자기 자신을 도구화하는 것과 같다. 이처럼 자신과 주변을 사물로 인식하는 가치와 태도는 인간관계에 회의감을 가질 수밖에 없게 만든다.

(3) 통제권을 잃었다는 생각

인간의 가치가 너무나 미약해 보이는 시대다. 산업의 발전은 컨베이어 벨트와 부품이란 개념을 익숙하게 만들었지만, 사람들 역시 컨베이어 벨트에 실려 가는 부품처럼 인식되게 만들었다. 인간이 너무 미약해 불쌍할 지경이다.

인간의 가치는 어디서 찾아야 하는 걸까? 이런 시대적 분위기 속에 사람들은 점점 자신이 무력하다고 느끼고, 스스로 결정할 수 있는 건 아무것도 없다고 느낀다.

통제권을 잃었다는 느낌이 강렬할수록 더더욱 사람들은 자신의 보금자리로 숨게 된다. 그곳에서만큼은 자신이 삶의 주도권을 쥐고 있다고 느낄 수 있기 때문이다.

(4) 성공의 노예

단 한 번도 세상 모든 사람이 지금처럼 '성공'의 노예가 되고 싶어 한 적이 없었던 것 같다. 사람들이 상실하는 이유도, 성공이 너무 멀리 있어 이룰 수 없다고 느끼기 때문이다. 그래서 상실하는 방식으로 스트레스의 출구를 찾는 것이다.

성공이란 환상에 꽁꽁 묶여 자신의 개성을 제거하고 타인을 도구로 대한다. 우리의 이성이 이렇게 행동하라고 강요한대도, 우리의 인성은 이렇듯 폭력적인 요구를 참아 내지 못한다. 그래서 불안하고, 우울하고 또 초조한 것이다. 사실상 반항하고 있는 것이다.

사람들은 서로를 비추는 거울이다. 때문에 모든 인간이 인간관계 속의 한 거울이고, 인간관계 역시 모든 사람의 거울이다. 한 시대의 환경도 인성이 투사되는 대상이다. 역으로 주변 환경 역시 인성에 영향을 미친다. 그러므로 우리는 스트레스에 억눌린 사람들이면서 이 시대를 만들어 나가는 사람들이기도 하다.

오늘날 사회의 가장 큰 해악은 성공을 향한 맹목적인 태도가 아닐까. 성공한 사람이든, 실패한 사람이든, 불안한 사람이든, 마음이 텅 빈 사람이든 물질적 부유함을 얻기 위해 거대한 정신적 대가를 치르고 있는 것 같다. 우리의 마음이 안식하지 못하는 대가를 말이다.

사회든, 개인이든 성공에 대한 욕심은 좀 덜어 내고 인도주의적 정신을 함양하기 위해 노력해야 한다. 지금까지 따라왔던 모든 기준과 합리성을 되돌아볼 필요가 있다. 그 기준과 규칙들 너머로 밀려난 사람들을 볼 수 있어야 한다. 물질과 인간, 규칙과 인간 사이의 무게 추를 인간 쪽으로 끌어올 필요가 있다.

인도주의적 정신을 추구할 때, 사람이 먼저라고 생각할 때 비로소 우리의 인성은 조금씩 제자리로 되돌아올 수 있을 것이다. 그때 정신의 황무지에서 우리 자신을 구해 낼 수 있을 것이다.

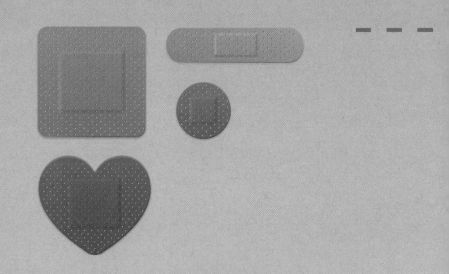

2장

습관적 회피를 벗어나는 심리 처방

물러서지 않는 태도

오늘 할 일을
왜 내일로 미룰까?

현대인 사이에서 유행하는 병을 하나 꼽으라면 그건 바로 '미루기'다. 무언가를 해야 한다는 사실을 알면서도 움직일 수 없어 행동하지 않고 버티는 상태다.

일반적으로 움직일 수 없는 상태와 함께 자책, 죄책감, 불안, 후회 같은 강렬한 감정들이 뒤따라온다. 어떤 사람들은 심지어 폭음이나 폭식 같은 행동을 보이기도 한다. 여기서 문제가 더 심각해지면 폭식증으로 발전하게 된다.

폭식증에 이를 정도로 심각해졌다는 건 이미 최초의 문제에 큰 변화가 있었다는 뜻이다. 처음에는 단순히 일을 미루는 게 문제였지만, 이제는 자신의 이미지에 만족하지 못해 불안하고 자책하는 상태로 변한 것이다.

미루는 습관이나 폭식증으로 나를 찾아오는 사람들은 하나같이 자책하며 자신의 잘못된 행동을 인지하고 있다. 자기관리가 부족하고 의지박약하기 때문에 초래한 결과라고 생각하며 자기혐오에 빠져 있다.

결코 쉽게 해결되는 문제가 아니다. 상담이 끝나고 일상생활로 돌아가면, 당시 설정한 목표를 금세 잊어 버리고 무기력한 상태로 되돌아가거나 미루는 습관 또는 폭식증이 다시 나타난다. 해야 하는 일이나 하면 좋은 일은 여전히 하지 않는다.

요구하는 자아, 행동하지 않는 자아

자율적 행동 문제나 미루기 습관 때문에 나를 찾아와 상담하는 내담자들은 공통적으로 마음속에 두 가지 다른 자아가 존재한다. 하나는 이런저런 요구를 하는 반면, 다른 하나는 행동력을 잃고 우울해하기만 한다.

운전기사의 상황으로 비유하면 이렇다. 끝없이 요구하는 자아는 계속 액셀러레이터를 밟으며 앞으로 나아가려 한다. 행동력을 잃은 자아는 고개를 떨군 채 움직일 생각이 없다. 요구하는 자아는 히스테리를 부리며 차를 발로 차고 때려도 보지만, 문제는 해결되지 않는다. 행동력을 잃은 자아는 여전히 차를 움직일 마음이 없다.

이 모든 과정에서 요구하는 자아는 힘과 에너지가 넘친다. 그러나 그게 무슨 소용일까? 행동력을 잃은 자아는 무엇으로도 움직이게 만들 수 없다. 문제의 핵심은 바로 이것이다.

요구하는 자아는 줄곧 '대체 얘는 왜 이러지? 얘는 왜 이렇게 나랑 다르지?' 하고 고민한다. 행동력을 잃은 자아 역시 '나는 왜 얘처럼 되지 못할까? 나도 얘처럼 되고 싶다! 내가 너무 수동적이고 무기력하니까 얘랑 이렇게 차이가 나는 거야. 남들 실망만 시키고, 나도 내가 너무 싫다!' 하고 계속 생각한다.

이 두 자아의 간극은 왜 이렇게 클까? 이유가 무엇일까?

요구하는 자아는 '이렇게 해!', '이렇게 하면 안 돼!' 하며 끊임없이 이런저런 요구만 하고, 행동력을 잃은 자아는 '다 내 탓이야. 나는 왜 이렇게 못났지? 이러면 안 되는데' 하고 끊임없이 자책만 하기 때문이다.

습관적으로 미루는 사람의 내면에는 이렇듯 요구하는 자아와 행동력을 잃은 자아가 끊임없이 다툼을 벌인다.

요구하는 자아는 에너지가 넘친다. 모든 것을 압도하는 목소리를 내뱉지만 대체로 불평하고 질책하고 실망하고 공격하는 말이다. 한편 행동력을 잃은 자아는 무력감과 수치감으로 가득 차 있다. 쉬지 않고 자책하면서도 변화를 위한 한 걸음을 내딛지 못한다.

두 자아가 끝없이 다투는 이유는 무엇일까? 왜 힘을 모아 문제를 해결하는 데 에너지를 쓰려고 하지 않을까? 왜 요구하는 자아는 행동력을 잃은 자아의 말을 진지하게 들어 주지 못할까? 무엇 때문에 움직일 수 없는지, 어떤 필요가 있는지 왜 헤아리지 못할까?

내담자들에게 자기관리의 여부와 상관없이 움직이기 어려울 때 어떤 느낌인지 물어보자 많은 이야기를 들려줬다.

"직장에 큰 변화가 있었어요. 상사는 항상 저를 못마땅해하고 저도 그런 상사 때문에 화가 많이 나요. 스트레스도 많이 받고요. 제 스스로가 믿음직스럽지가 않아요. 그래서 그런지 늘 피곤해요."

"고생해서 글을 쓰면 매번 누군가가 표절해요. 근데 조회수는 제가 더 낮아요. 더 우울한 건 제 글을 2차 가공해 써 놓은 그 글이 누가 봐도 제 것보다 더 낫다는 거예요."

"제가 공부를 잘 못하는 것 같아 무력해요. 그 방대한 지식을 어디서부터 손대야 할지 모르겠어요."

"이번 프로젝트가 너무 어렵고 벅차요. 제가 미치지 않고선 끝날 것 같지 않아요. 마주하기 정말 두려워요."

이 모든 상황은 행동해야 할 자아가 곤경에 빠졌기 때문에 일어난 일들이다. 하지만 이를 어떻게 해결해야 좋을지 몰라 문제의 원인을 간단하게 '나는 자기관리를 못 해'로 결론지어 버리는 것이다.

요구하는 부모, 행동해야 하는 아이

지금 자신을 대하는 방식은 어린 시절 부모와의 관계가 내재화된 결과다. 일반적으로 요구하는 자아는 과거 부모가 나를 대하던 태도이며, 행동력을 잃은 자아는 진실한 나 자신이다.

요구하는 자아와 행동력을 잃은 자아 사이에 갈등이 생기는 이유는 전자가 후자와 문제를 함께 해결하고 싶기 때문이다. 문제를 해결하기 위한 유일한 방법이기도 하다.

이를 부모와 자녀의 관계에 대입해 보면 이렇다. 부모는 아이가 자신들의 요구사항대로 문제를 해결하길 바란다. 아이가 기대에 미치지 못하면 부모는 불만을 느끼고 화를 내고 심지어 아이를 공격하기에 이른다. 아이는 부모의 기대에 부응하지 못하는 자신에게 문제가 있다고 여기고 끝없이 자책한다.

얼핏 꾸중은 문제를 해결하는 방법처럼 보인다. 그래서 부모들은 아이에게 문제가 생기면 아이를 질책함으로써 문제를 해결하려 한다. 보통 이런 부모는 아이의 감정에 크게 신경 쓰지 않는다. 하지만 아이의 행동은 부모의 요구를 중심으로 형성되고, 그 요구는 부모와 아이의 관계에 연결고리로 작용한다.

앞서 말한 대로 요구하는 자아가 행동력을 잃은 자아에게 대하는 것처럼, 부모는 아이의 감정을 돌봐 주지 않고 아이가 무엇을 원하는지도 궁금해하지 않는다. 부모는 그저 "이렇게 하면 안 돼! 이건 잘못됐어!" 하고 꾸중만 늘어놓을 뿐이다. '이상적인 아이'를 잣대로 '현실의 아이'에게 이런저런 요구를 하는 것이다.

아이가 부모의 요구대로 행동하지 못하면 부모는 아이에게 "자기관리 하나 제대로 못하니? 의지박약이구나" 하고 말을 쏘아붙인다. 그러나 아이가 자기관리를 잘하도록, 의지를 가질 수 있도록, 사교성을 기를 수 있도록 도와줘야 하는 사람은 누구일까? 아이를 부족한 상태로 만든 장본인은 누구인지 고민해 봐야 한다.

하지만 이런 부모들은 문제를 해결하기 위해 아이를 더 몰아붙인다. 안타깝게도 아이들은 부모가 지적한 자신의 부족함을 어떻게 채워 나갈지 배우지 못하고 자기 마음을 살피는 법을, 문제의 원인을 알지 못한 채 살아간다.

도움을 요청하는 일은 꿈도 꾸지 못한다. 그저 자신에게 문제가 있다고 생각한다. 누구도 자신을 인정해 주지 않을 거라고 짐작한다. 이는 사실상 자책과 불안의 소용돌이에 내던져진 상태와 같다. 이런 자책과 불안은 인생을 망가뜨릴 수 있기 때문에 주의해야 한다.

많은 경우 이런 가정의 부모는 불안에 빠져 있다. 예상치 못한 문제나 원치 않은 일이 발생하면, 그들은 마음에 여유가 없기 때문에 자신의 불안을 어떻게 처리해야 할지 모른다. 그 불안은 아이에게 고스란히 전달되고 문제는 해결되지도 못한 채로 남아 있다.

주위에 이런 부모가 정말 많다. 그들은 자신의 자녀에게 문제를 해결하는 방법을 가르쳐 줘야 한다는 사실을 깨닫지 못한다. 결국 아이들은 문제를 해결한 것처럼 보이게 하는 방법을 터득한다. 자책을 하거나 남을 탓함으로써 문제를 흐지부지하게 만드는 것이다. 문제는 해결되지 않은 채 여전히 제자리에 있지만 말이다.

물러서지 않아야 문제가 해결된다

자책은 모든 문제를 해결해 주는 만능열쇠가 아니다. 자기 문제 뒤에 숨겨진 진정한 원인을 찾기 위해 노력하고, 자신의 진실한 감정을 마주해야만 문제 해결 능력을 갖출 수 있다.

문제 해결 능력을 기르는 방법은 몇 단계로 나눌 수 있다.

(1) 행동력을 잃은 자아의 목소리에 반응하기

자책하는 사람들의 마음속은 요구하는 자아의 목소리로 가득 차 있다. 하지만 이 목소리에 너무 귀 기울이지 말자. 행동력을 잃은 자아가 말할 수 있도록 도와주자. 왜 행동력을 잃었는지 들어보자.

예를 들면, 나는 한동안 공식 계정에 글을 올리는 게 귀찮았다. 원인은 많았다. 감정이 메마르고 열정이 식어 좋은 영감이 떠오르지 않았다. 내 글을 표절하는 사람들 때문에 화도 많이 났고, 다른 사람이 나보다 더 잘 쓰는 것 같아 내 글이 만족스럽지 않았다. 또 써야 할 글이 많다 보니 어디서부터 시작해야 할지 엄두가 나지 않았다. 매일 글을 쓰다 보니 권태기가 온 듯했다. 해야 할 일들이 많아 피곤했던 것이다.

이렇듯 자기감정에 집중하고 진실한 목소리에 귀 기울여야 자신이 행동력을 잃은 진짜 이유를 찾을 수 있다.

(2) 행동력을 잃게 하는 원인 해결하기

심리학자 비온의 말처럼 자기 자신을 위한 그릇을 만들어 나가야 한다. 이 그릇 안에 부정적인 감정을 담아 가공하고 처리하는 것이다.

지금 당장 그릇을 만들 수 없다면 다른 사람의 그릇을 빌려도 괜찮다. 스트레스를 마주할 수 있도록 도와 달라고 부탁하는 것이다.

스스로 빠져나올 수 없는 곤경이라면, 사람들에게 털어놓고 조언을 구하면 된다. 나에게는 어려운 문제라도 다른 사람에게는 쉬운 일일 수 있다.

너무 피곤해서 글을 쓰기 싫다면 쉬어야 한다. 몸은 거짓말을 하지 않는다. 몸을 계속 혹사시키는 것보다 쉬는 게 낫다. 표절 때문에 화가 난다면 저작권을 지키기 위한 방법을 찾아나서야 한다.

간단하다. 그저 내가 해야 할 일은 눈앞의 문제를 해결할 방법을 찾아 내 삶을 더 편안하게 만드는 것이다. 분노와 우울에 압도되어 뒤로 물러서거나 자신을 방치하지 말자. 원인을 찾아 나설 때부터 문제는 해결된다.

(3) 명확한 자기 인식을 바탕으로 행동력 되찾기

행동력이 부족한 이유는 보통 그 앞에 수많은 장애물과 부정적인 감정이 깨끗이 처리되지 않았기 때문이다. 그런데 이를 알아채지 못하고 엉뚱한 곳만 찾아 헤맨다. 마치 주방에 하수도가 막혔는데 환풍기를 탓하는 꼴이다.

의식적 측면에서 부모의 요구와 간섭에 대한 분노를 표출할 수 없으니 무의식에서 이런 분노를 드러낼 수밖에 없다. 우리 자신도 이해할 수 없는 형태로 유년기에 강요당한 부모의 요구들을 상징하는 것에 강렬하게 반항한다. 의식적으로 해소되지 않으니 어쩔 수 없이 잠재의식은 다른 경로를 찾아다니는 것이다.

태어나면서부터 의기소침하거나 우울한 사람은 없다. 자신의 생명력을 꽃 피울 방법을 찾지 못해 왜곡된 채로 자신에게 상처 주는 방식으로 살아갈 뿐이다. 무기력함과 우울함의 원인을 변질된 자아의 공격으로 보는 것도 그런 이유다. 때문에 진실한 자아를 알아야만 행동력을 되찾을 수 있는 것이다.

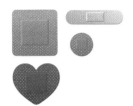

자기 수용의 자신감은
무너지지 않는다

많은 사람이 자신이 부족하다고 느낄 때 곤혹스러워한다. 모든 면에서 괜찮을 뿐만 아니라 뛰어남에도 불구하고 마음속으로 심한 열등감을 느낀다.

가령 명문대생에 뛰어난 미모를 지녔지만 자신감이 없다거나, 높은 연봉에 집도 차도 다 있는데 걱정이 줄어들지 않는다거나, 업무 능력도 뛰어나고 동료들과 상사로부터 인정도 받지만 늘 긴장되고 불안해하는 등 자신을 부족하게 느끼며 살아가는 여러 사례가 있다.

이 모든 상황을 하나의 질문으로 정의할 수 있다.

'충분히 잘하고 있는데, 나는 왜 항상 나를 부족하다고 생각할까?'

겉으로는 강해 보여도 남몰래 열등감에 시달린다. 자기 비하의 심리에서 벗어나려고 외부로부터 여러 보상을 받으려고 할 때도 있다. 하지만 보상에 근거한 이력은 내실 없이 겉만 번지르르해 보여 더 무기력하게 만든다. 결국 자신을 동정하는 것으로 이어진다.

'나는 왜 이렇게 부족할까? 왜 자신 있게 행동하지 못할까?'

'지금도 충분히 잘하고 있는데 왜 마음은 점점 더 피곤해질까?'

겉으로 거둔 성공과 마음속 열등감은 영향을 주고받지 않는다. 서로 상관 없는 존재라는 뜻이다.

대부분 마음속 열등감을 해소하기 위해 외부적 성취를 이루고자 한다. 부족한 점이 있으면 노력해 다른 장점으로 균형을 맞추며 자신의 부정적인 감정을 개선하려 한다. 하지만 결과는 대체로 바라던 것과 다르게 흘러간다. 마음속에 '모든 면에 뛰어난 사람만이 자신감을 가질 자격이 있다'는 잘못된 가설이 존재하기 때문이다.

이들은 별로 뛰어나지 않은 사람이 자신감 넘치는 모습을 보면 크게 분노한다.

"아니, 이것밖에 못하는 애가 뭘 믿고 자신하는 거야?"

마음속에 이 같은 분노가 일어날 때 자기를 수용할 줄 아는 사람이라면, 남을 비하하는 그 마음에 자신이 눈치 채지 못한 부러움과 질투가 섞여 있음을 발견할 것이다. 도무지 왜 저렇게 자신만만한지 이해할 수 없고, 그보다 뛰어난 자신은 왜 저 사람처럼 자신감이 없는지 이해하지 못한다.

자신감 있는 사람은 자신을 평가할 때 외부의 조건에 크게 영향받지 않는다. 외부의 조건이 좋든 나쁘든, 자신이 잘했든 못했든 자기 존중의 원천인 '핵심자아'가 위협받지 않는다. 반대로 열등감이 많은 사람은 자신감을 좌우하는 핵심자아의 존재 자체를 모른다.

외부의 조건을 따라 자기 자신을 평가한다면 흔들리지 않는 자신감은 영원히 얻지 못할 것이다. 자신감의 본질은 자기 수용에 있기 때문이다. 자기 수용을 바탕으로 '나는 할 수 있다'는 신념이 바로 설 때 자신감을 얻을 수 있다.

열등감이 있는 사람이 스스로 비하하는 이유는 자신을 받아들이지 못하기 때문이다. 자신을 수용할 수 없으니 자신감에는 조건이 있다고 간주하고, 다른 사람보다 뛰어나야 한다고 생각하는 것이다.

자신감 넘치는 사람들의 특징을 살펴보면 그들은 자신의 핵심자아를 의심하지 않는다. 이들은 이미 자아 인식 속에서 핵심자아가 인정받고 있다.

하지만 열등감을 느끼는 사람의 자아 인식 속에서 핵심자아는 대체로 인정받지 못하고 있다. 따라서 외부에서 성취를 이루는 것으로 핵심자아의 불안정함으로부터 벗어나려 발버둥 친다. 또 외부적으로 뛰어나야만 핵심자아가 새롭게 태어날 수 있다고 믿는다.

무엇에도, 누구에게도 흔들리지 않는 자신감

안정적인 핵심자아는 유년 시절의 경험에 영향을 받는다. 어린 시절 부모로부터 지속적으로 일정 조건이나 기준에 충족되도록 요구당하며 이에 부응해야만 인정받고 칭찬받았다면, 제대로 해내지 못할 경우에 질책받고 혼났다면, 튼튼한 핵심자아를 형성하기는 어려웠을 것이다.

잘되길 바라는 마음에서 비롯된 요구사항이었겠지만, 부모가 아이를 있는 그대로 포용해 주지 않을 때 아이는 자신의 부족함에 더 집중하게 되고, 갖가지 기대에 부응하기 위해 애쓰는 인생을 살게 된다. 부족하다는 평가를 받지 않는 일이 인생의 목표가 돼 버린다. 자기 자신을 경계하게 되고 방어적 심리를 갖게 된다.

이들은 일정한 성취를 이룬 후에 크나큰 자부심을 느끼고 끝 간 데 없이 자신만만한 모습을 보이지만, 이 자신감은 오래가지 못한다. 얼마 지나지 않아 그들은 다시 자기 비하의 상태로 되돌아간다. 때문에 자신감을 유지하기 위해 이들은 끊임없이 무언가를 해내야만 한다.

이렇게 살면 얼마나 피곤할지 안 봐도 뻔하다. 뛰어나지 못한 나, 성공하지 못한 나를 방어해야 하기 때문에 바쁠 것이다. 다시 말해 뛰어나지 못한 나, 성공하지 못한 나를 받아들이지 못해 피곤한 것이다.

노력한 덕에 남들보다 뛰어난 사람이 됐지만 뛰어나지 못한 나, 성공하지 못한 나에 대한 걱정은 줄어들지 않고 계속 커진다. 불안하기 때문에 이를 극복하기 위해 더 노력해야만 한다.

자신의 부족함을 경계하는 사람이 어떻게 자신감을 가질 수 있을까? 이는 자기 자신을 의심하는 것이기에 설사 외부 조건이 변하더라도 마음속에 자리한 연약한 핵심자아는 변하지 않는다.

연약한 핵심자아에서 벗어날 수 있을까? 어떻게 자신의 부족함을 받아들이고 자기 비하에서 벗어나 진정한 자신감을 가질 수 있을까?

(1) 안전한 관계에서 드러나는 진실한 자아와 마주해야 한다

자기 비하에서 벗어나고 싶다면 마음에서부터 진실한 자아를 받아들일 수 있어야 한다. 쉬운 일처럼 들리지만, 사실 어려운 일이다.

진실한 자아를 받아들이려면 먼저 자아와 직접적으로 대면해야 한다. 하지만 많은 사람이 진정한 자아와 마주하길 꺼린다. 단단한 마음이 있어야 가능한 일이기 때문이다.

성장하면서 상처받지 않으려 갖가지 방어 기제를 사용한다. 이를 두고 자아 보호라고 한다. 강인한 심리적 소양이 없거나 충분한 안정감이 없다면 자신을 직면하기 어렵다. 필요한 조건들을 갖추지 못한 채 자신을 직면하면 완전히 무너져 버릴지도 모른다.

그러므로 신뢰의 관계를 형성하면서 천천히 마음의 안정감을 찾아 나가야 한다. 충분한 안정감을 누릴 때 자아를 대면할 힘이 생긴다.

열등감이 많은 사람은 자아를 마주하기 힘들다. 어린 시절 부모와 관계가 나빴거나, 부모와 갈등이 많았거나, 부모가 질책과 스트레스로 범벅된 환경을 제공했을 가능성이 높다. 이런 환경에서 자란 사람은 자아를 마주할 기회가 흔치 않다. 이들은 끝없는 긴장과 스트레스 그리고 이런 상태에서 벗어나기 위해 해야 할 노력들을 마주하기에도 벅차다.

자신을 마주하는 일이 어렵지 않은 사람도 있다. 어린 시절 이들에게 부모는 또렷한 거울로서 존재한다. 안정감을 주고 일관된 피드백으로 자신의 장단점을 객관적으로 인식할 수 있도록 부모가 도와준다.

하지만 어린 시절 부모와의 관계가 단절됐다면 외부의 피드백을 통해 엉망진창인 자신을 발견하게 되고, 이런 상황에서 벗어나기 위해 본능적으로 자신과 마주하지 않고 계속 도망치게 된다.

그렇다, 많은 사람이 열심히 노력해 대단한 성취를 이루며 살아가지만, 사실 자기 자신을 마주하지 않기 위한 행동들이다. 핵심자아의 인식에 따르면, 자신은 부족하고 인정받지 못하고 심지어 두려운 존재이기 때문이다.

이런 잘못된 인식을 고치려면, 안전한 관계 속에서 진실한 자아를 다시금 마주하면서 자신이 정말 부족한지 들여다보고 자아를 올바르게 객관적으로 인식해 나갈 필요가 있다.

(2) 평범한 인간이라는 사실을 받아들여야 한다

주변에 완벽주의자라고 말하는 사람이 있다면, 대체로 그는 엄격한 잣대로 자신을 평가하고 매사에 까다로운 사람일 가능성이 높다. 사실 완벽주의는 지나친 자아도취에서 비롯된 태도일 수 있다.

일반 사람의 기준보다 높은 비정상적인 잣대를 자기 자신에게 들이대는 데는 숨겨진 의미가 있다. 자신은 절대 평범한 사람이 되지 않겠다는 다짐, 다른 사람들은 할 수 없는 일을 해내겠다는 마음이다. 그렇기에 평범한 사람의 기준은 받아들일 수 없다. 더 잘 해내야 할 뿐이다.

모두 평범한 사람이다. 모든 사람은 저마다의 고민과 장단점을 가지고 살아간다. 이 사실을 받아들이는 과정이 곧 비현실적인 자아도취에서 벗어나는 길이다.

주의해야 할 점이 있다. 평범하다는 사실을 받아들이라는 말은 아무것도 하지 말라는 뜻이 아니다. 있는 그대로의 자기를 받아들이고, 자신의 장단점을 정확히 파악하라는 말이다. 전략적으로 목표를 성취할 수 있을 것이다.

자신에 대한 기준을 낮출 수 없거나 완벽주의에 대한 집착을 버릴 수 없는 이유가 있다. 남들과 다르길 바라는 이상과 기대를 유지시켜 주기 때문이다. 안타깝지만 이렇게 자신을 몰아붙이는 태도는 성공하는 데 전혀 도움이 되지 않는다. 마음속 자아를 만드는 데 많은 에너지를 소모한 나머지 앞으로 나아갈 힘을 잃을 수 있다.

열등감을 메워 성공을 얻은 경우도 있다. 하지만 이는 사람을 피곤하게 만들고, 더 큰 대가를 치르게 만들 뿐만 아니라 이렇게 얻은 성공은 오래가지 못한다.

진정으로 성공한 사람은 마음과 외부의 성장이 동시에 이뤄진다. 심지어 마음의 성장이 외부의 성장보다 더 뛰어난 경우도 있다. 이런 사람은 탄탄한 실력이 있기 때문에 잠시 실패하더라도 다시 일어설 수 있다.

열등감은 이 세상과 자신에 대한 이해가 부족하고, 이상과 현실 사이의 간극을 줄이고 싶은데 잘되지 않아 바쁘게 움직이다가 일어나는 일이다. 때문에 진정한 나로 살아가는 데 걸림돌이 될 수밖에 없다.

자기를 수용할 때 열등감은 완화된다. 자기를 수용한다는 건 자신을 면밀히 살핀다는 뜻이다. 자신에 대한 이해가 깊어질수록 다른 사람을 더 잘 이해하게 되고, 여러 상황에 대한 이해도 더 깊어진다. 자기를 수용할 줄 아는 사람은 열등감에 빠져 자기를 비하하는 일도 없다.

(3) 자신의 가치 판단 기준을 업데이트해야 한다

열등감을 자주 느끼는 사람 중 둔감하고 무딘 기준으로 자신을 평가하고 있다는 사실을 모르는 경우도 있다. 아무리 대단한 일을 해내도 뛰어난 능력을 자신의 평가 기준에 반영하지 않는다.

잘못된 기준으로 열등감을 느끼는 사람은 보통 이렇다.

첫째, 자신의 단점과 다른 사람의 장점을 서로 비교한다.

키가 작은 사람은 꼭 키가 큰 사람과 자신을 비교한다. 당연히 패배로 끝날 수밖에 없는 비교다. 이처럼 자신의 단점 때문에 안절부절못하며 열등감을 느끼는 사람이 많다.

한 여성은 얼굴에 있는 점 하나 때문에 사람들을 만나는 일을 꺼려했다. 그렇게 점 하나 때문에 20여 년을 고통받으며 살았다. 무척 황당하게 들리지만, 실제 사례다.

삶이란 원래 비교로 가득 차 있다. 하지만 적어도 단일한 조건을 두고 비교하기보다는 종합적으로 비교해야 맞지 않을까.

앞서 키 큰 사람과 자신의 작은 키를 비교한 사람은 실제로 키가 작았지만 유머러스하고 말주변이 좋다는 장점이 있었다. 그러니 종합적으로 보자면 키 큰 사람보다 부족한 게 아니다. 같은 이치로 얼굴에 점이 있는 여성도 탄탄한 몸매를 가졌으니 얼굴의 점 때문에 고통받을 필요가 없는 것이다.

인생은 손에 쥔 패를 잘 활용해 인생이라는 카드 놀이에서 이기는 게임과 같다. 눈과 마음이 모두 단점과 결핍에만 집중된다면, 태양도 잃고 별도 잃을지 모른다.

둘째, 자신이 못하는 것에만 집중하고 잘하는 건 무시한다.

자신의 둔감한 기준을 찬찬히 살피지 못하고 그저 관성을 따르며 살다 보면, 그 무뎌진 기준에 사로잡혀 자신을 평가하게 된다. 그래서 반성하는 법을 배우는 건 정말 중요하다.

어느 정도 성공을 이룬 후에는 잠시 멈춰 자신의 장점을 업데이트하고, 이를 자신의 가치 체계에 포함할 줄 알아야 한다. 이로써 자기를 인식하고 발견함으로써 비합리적인 신념의 속박에서 벗어날 수 있도록 말이다.

실패를 겪을 때는 더더욱 멈춰 서야 한다. 삐져 나온 단점들을 정리해야 한다. 그래야 이로부터 배울 수 있는 교훈이 명확해지고, 나의 부족함을 실패의 원인이라고 오해하지 않을 수 있다.

열등감은 생각을 게을리하기 때문에 발생하기도 한다. 생각을 게을리했다는 건 자신을 하나의 대상으로 삼고 연구하고 분석하는 시간이 부족했다는 뜻이다. 일을 분석해 보지 않고 프로젝트를 맡아 이리저리 휘둘려 매일 피곤함에 찌들어 사는 것이다. 목표한 바를 이뤘다 하더라도 제때 자신과 다른 사람에 대한 인식과 평가를 업데이트하지 않으면, 그 성공은 오래 지속될 수 없다.

삶이 수련장이라면 자아 수련은 한평생 해도 끝나지 않는다. 만약 외부적인 성취에만 관심을 기울이고 자신의 마음을 들여다보고 돌보지 않는다면 길을 잃게 될 것이다.

어린 시절의 관성적인 사고방식으로 자신의 삶을 사유하지 말고, 독립적으로 사고할 수 있는 사람이 되자. 성숙하고 자신감 있는 삶을 향해 내딛는 첫걸음이다.

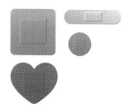

사랑받을 자격이
없다는 오해

대부분의 사람은 사랑을 베푸는 것이 어렵다고 느낀다. 하지만 사랑을 받는 것을 어려워하는 사람들도 있다. 소위 사랑받을 능력이 없는 사람들이다.

'뭐? 세상에 사랑받기 싫어하는 사람들이 존재한다고?'

그렇다, 정말로 그런 사람들이 있다. 다른 사람이 자신을 사랑하는 것을 견딜 수 없는 사람들이 있다. 좋아하는 사람이 생기거나, 누군가 자신을 좋아하면 회피를 선택한다. 누군가에게 사랑받을 엄두가 나지 않는 것이다.

이들은 사람들과 만족할 만한 친밀한 관계를 만들지 못한다. 일상생활에서 다른 사람들에게 도움을 요청하지 못한다. 자신이 무얼 필요로

하는지 말하지 못한다. 습관적으로 남에게 베풀고, 베푸는 행위에서 자신의 가치를 찾는다. 습관적으로 자신을 무시하고, 자신의 가치를 등한시한다.

사랑을 받을 줄 모르는 사람

사랑받을 능력이 없는 사람들은 감정이 싹트는 그 순간부터 스트레스를 받기 시작한다. 결국 회피하고 도망치길 선택하고 좋아하는 사람과 함께하지 못하는 결말을 이끌어 낸다.

내 친구 중에 한 명이 딱 이랬다. 그녀는 좋아하던 남자가 집 앞까지 와서 좋아한다고 고백했지만, 끝내 거절하고 말았다. 아이러니하게도 고백을 받은 내 친구는 아픈 가슴을 부여잡고 눈물을 흘렸다. 사실 그녀도 그 남자를 좋아했다. 하지만 그런 아름다운 관계는 자신과 어울리지 않다고 여겼다.

그녀는 서로 아끼고 사랑하는 두 남녀의 모습을 떠올리는 일에 어려움을 느꼈다. 그렇기에 좋아하는 사람을 두고 흥분과 설렘을 느끼기보다 크나큰 심리적 압박감에 사로잡혔다. 결국 도망가고 거절하는 방식으로 그의 고백에 대응할 수밖에 없었다.

그녀는 내게 "사실 그 애보다 내가 한참 부족하다는 생각이 들었어.

그렇게 뛰어난 애랑 사귀면 안 될 것 같아. 사이가 가까워지고 내 진짜 모습을 알게 되면 분명 실망하게 될 거야. 실망시킬 바에 시작하지 않는 게 나아"라고 말했다.

그녀는 자신을 진정으로 사랑해 줄 사람은 아무도 없다고, 자신의 진짜 모습을 좋아해 줄 사람은 존재하지 않다고 무의식적으로 생각했다. 그렇게 긴 세월 동안 그녀는 자신을 쫓아다닌 많은 사람을 지나쳐 버렸다. 그 같은 상태가 괴로웠지만 또 벗어나지 못했다.

사랑받을 능력이 없는 어떤 사람은 특정 인물에게 사랑받을 자격이 없다고 느끼는 게 아니라 사랑 그 자체에 자격이 없다고 느낀다. 그렇기에 이들은 사랑받을 능력이 없어 줄곧 자신을 아무도 사랑해 주지 않는 상태로 내버려 둔다.

사랑을 베풀 줄만 아는 사람

샤오징이라는 여성 내담자가 찾아왔다. 그녀가 맞닥뜨린 문제는 연애할 때마다 '차인다'는 것이었다.

샤오징은 상대와 연인 관계로 발전되면 더 많은 사랑을 베풀었지만 상대는 반대로 점점 무심해지곤 했다. 그녀가 만난 남자들은 처음에는 뜨거운 열정을 보였지만, 시간이 지나면 뜨뜻미지근해졌다. 점차 말수가 줄고 냉랭하고 무성의해지고 침묵으로 일관하는 등 정신적 폭력을 일삼았다. 마지막에는 헤어지자고 통보했다.

그렇게 샤오징은 매번 차였다. 그녀는 이를 남녀가 감정 문제를 처리하는 방식이 다르기 때문에 발생하는 일로 매우 불공평한 처사라고 여겼다.

"도무지 이해가 안 돼요. 제가 더 많이 사랑했고 누구보다 잘하려고 노력했는데 어떻게 모두 하나같이 떠나갈 수 있죠?"

샤오징에게 물었다.

"그 남자들이 뭘 해 줬기에 그렇게 앞뒤 제쳐 두고 잘해 줬어요?"

샤오징은 잠깐 생각하더니 대답했다.

"저한테 뭔가를 해 줬어야 하나요? 저한테 뭘 해 준 건 없어요. 근데 제가 그렇게 잘해 줬는데 감동받아야 하는 거 아니에요? 많이 베풀고 많이 사랑해 주는 여자가 싫은 남자가 있나요?"

샤오징의 말에서 한 가지 사실을 깨달았다. 그녀는 연애를 할 때 그 마음이 상대로 가득 차서 그의 필요에 즉각적으로 반응하고자 노력했다. 하지만 그녀가 아끼지 않고 베풀던 마음과 상대의 요구를 무조건 들어주고 싶은 호의는, 상대가 이 연애를 따분하고 무미건조하다고 느끼게 만들었다. 이 사실을 그녀는 몰랐던 것이다.

아마도 상대는 마음속으로 '내가 노력할 필요도 없이 나한테 무조건 잘해 주네? 이 관계에서 내 역할은 뭘까? 아무것도 안 하는 게 제일 나은 거 같은데' 하고 생각했을 것이다.

연애할 때 무조건 베풀기만 하면 '나는 어머니 역할을 할 테니, 너는 내 아기 역할을 맡아. 내가 너에게 좋은 어머니가 돼 줄게. 이 사실을 증명할게'와 같은 상황을 만들어 가는 것이다.

연인 관계에서 오랫동안 아이 역할에 놓여 있을 경우 정상적인 남녀라면 불편해질 수밖에 없다. 그들도 사랑을 베풀고 싶고, 사랑하는 사람에게 자신의 가치를 증명하고 싶어 한다. 또 연인이 자신을 필요로 하고 자신에게 의지하길 바란다.

특히 남성은 연애할 때 연인이 자신을 의지하는 느낌과 자신이 가치 있다는 느낌이 꼭 필요하다. 하지만 베풀기만 좋아하고 사랑받을 능력이 없는 여성은 남성의 정상적인 심리적 필요를 앗아 간다. 결국 장기간 사랑을 받기만 하고 베풀 수 없는 애매한 상태에 놓이게 된다. 이 연애는 더 발전할 수 없기에 깨질 수밖에 없는 것이다.

사랑받을 능력이 없는 사람은 자신이 남을 좋아하는 것보다 남이 자신을 사랑하는 걸 견디지 못하고, 사랑받는 것 자체를 용납하지 못한다. 그 끝은 불 보듯 뻔하다. 상대는 점차 당신을 사랑하지 않게 된다.

가장 안타까운 사실은 사랑받을 능력이 없는 사람들은 이 모든 게 자신이 자초한 일임을 깨닫지 못한다는 것이다.

자신의 필요를 말하지 못하는 사람

사랑받을 능력이 없는 사람의 전형적인 모습은 남을 귀찮게 할까 봐 두려워한다는 것이다. 그래서 필요한 것을 말하지도 못하고, 다른 사람에게 부탁할 줄도 모른다.

앞서 얘기한 내담자 샤오징의 다른 관계 역시 연인 관계와 상황이 크게 다르지 않았다. 다른 사람을 도와주기만 하고 자신은 남에게 부탁하지 않았다. 필요한 게 생겨도, 부탁할 일이 있어도 도움을 구하지 못했다.

직장에서 샤오징은 자기 업무 이외의 일도 많이 했다. 사람들은 샤오징을 언니라고 불렀다. 도움이 필요한 곳이 있으면 그녀는 곧바로 달려갔다. 궂은일도 마다하지 않고 장녀같이 처리했다. 하지만 정작 자신에게 도움이 필요할 때는 도움을 받지 못했다. 무슨 문제든 혼자 해결하려 했기 때문에 업무 스트레스는 계속 늘어났다.

샤오징이 나를 찾아왔을 때 그녀의 감정은 거의 한계에 다다른 상태였다. 샤오징에게 물었다.

"일상에서나 직장에서나 사람들과 잘 지내고 계시는데 왜 스트레스를 받으세요? 주변 사람들에게 힘든 점을 토로해 본 적 없으세요?"

샤오징은 다른 사람을 귀찮게 할까 봐 두렵다고, 고민을 털어놓을 친구가 한 명도 없다고 했다. 친구들과의 사이 역시 그녀가 일방적으로 베푸는 관계로 어떻게 마음속 욕구를 표현해야 할지 모르겠다고 했다.

사람이라면 누구나 어려운 일을 겪고 스트레스를 받으면 위로를 받고 싶어 한다. 샤오징이 매주 나를 찾아와 상담받는 이유도 그녀의 하소연을 들어 줄 사람이 필요했기 때문이다. 나에게는 상담비를 지불했기 때문에 다른 이를 귀찮게 한다는 불안과 죄책감을 느끼지 않았다.

샤오징이 너무 안타까웠다. 그녀의 눈에 세상은 온통 그녀가 베풀어야 할 대상이었다. 그런데 자신은 누군가의 베풂을 받아야 할 존재라고 생각하지 않았다. 자신에게 사랑을 베풀 사람이 있음을 믿지 못했기에 마음 편히 자신에게 베풀고자 하는 사람을 받아들이지 못했다.

샤오징이 어렸을 때 그녀에게 사랑을 베풀어 준 사람이 없었기 때문이다. 그녀는 늘 무언가를 요구당했다. 철이 들어야 했고 부모의 기대에 부응해야 했다. 부모의 요구에 따르지 못하면 빈축을 샀고, 질책을 당했다.

샤오징의 부모는 한 번도 자신들의 딸이 바라는 바를 들어주려 하지 않았다. 사실 그녀도 원하는 게 있다는 사실조차 깨닫지 못했다. 태어나자마자 아이가 아닌 부모의 기대에 맞춰 일하는 보모처럼 살았다. 그녀는 무언가를 바라서는 안 됐다. 바라는 바를 드러낼수록 부모의 미움을 샀다. 때문에 무언가를 바란다는 건 곧 남에게 피해를 끼치는 일이라고 여겨졌다.

샤오징처럼 사랑받을 능력이 없는 많은 사람이 어릴 때부터 철이 들어야 하고, 온순해야 하고, 부모와 다른 사람에게 피해를 끼치면 안 된 다고 들으며 자란다. 이들도 바라는 바가 있고, 다른 사람에게 요구할 권리가 있고, 또 그만한 가치가 있는 사람이란 걸 잊어버린다.

그렇기에 누군가 그들에게 사랑을 주려 할 때 큰 불안을 느낀다. 그 들의 마음속에 '내가 뭐라고 나한테 이렇게 잘해 주지?'라는 메아리가 울려 퍼진다.

아마도 이들은 유년기에 부모와의 상호작용에서 충분히 사랑받아 본 기억이 없을 가능성이 높다. 그래서 '내가 바라는 건 중요하지 않아', '나는 존중받을 자격이 없어', '다른 사람에게 절대 피해를 끼치면 안 돼' 라고 여기는 것이다.

사랑하는 기술도 잘 훈련해야 한다

어렸을 때 어른으로, 도구로 취급받으며 자라다 보면, 자신의 욕구는 중요하지 않다고 심지어 있어서는 안 된다고 느끼게 된다.

의식적으로 다른 이의 요구에 맞추는 일이 가장 중요하다고 여기고, 그것이야말로 자신의 가치를 드러내는 길이라고 생각한다. 자신을 돌 아볼 줄 모르고 습관적으로 자신을 무시한다. 그간 누구도 자신을 봐 주지 않았고, 자신의 필요가 채워진 경험이 없는 탓이다.

무의식적으로 자신은 남들보다 한 단계 아래 있다고 생각한다. 그간 겪어 온 일들이 이를 증명하기 때문이다. 다른 사람이 자신보다 중요하다. 그렇기에 다른 사람과 평등한 위치에 있을 수 없다.

대체로 자신이 남들보다 낮은 위치에 있다고 생각하는 사람은 어린 시절 부모와의 관계에서 주도권을 가져 본 적이 없을 것이다. 그들의 세상은 부모를 중심으로 돌아갔을 가능성이 크다. 배운 것이라고는 남을 돌보고 시중드는 것이기에 누가 자신을 돌보고 사랑하는 광경을 상상하지 못한다. 그런 갈망은 자신의 몫이 아니라고 생각한다.

그 결과 자기 자신을 사랑하지 못하고 다른 사람이 자신을 사랑하지도 못하게 만든다. 오히려 상대가 자신을 습관적으로 무시하도록 이끈다. 그러므로 사랑받을 능력이 없는 사람들은 이기적이고 냉정하고 징징대는 사람을 만날 가능성이 크다. 정말 가슴 아픈 일이 아닐 수 없다.

어떻게 사랑받을 능력이 없는 상태를 끝낼 수 있을까? 사랑받을 능력이 없는 사람은 자기 자신, 다른 사람, 친밀한 사람과의 사랑에 대해 아래와 같은 잘못된 인식을 갖고 있다.

'내가 원하는 건 중요하지 않아. 나의 욕구는 충족되면 안 돼. 다른 사람을 귀찮게 만들어. 목표를 이루는 건 더더욱 안 돼.'
'다른 사람의 요구는 아주 중요해. 내 가치는 그걸 얼마나 충족시켜 줄 수 있는가에 달려 있어. 내가 얼마나 유용한 사람인지 증명해야 해.'

물러서지 않을 용기

'친밀한 관계를 유지하려면 내가 더 많이 베풀 수밖에 없어. 다른 사람에게 빚지면 안 돼. 다른 사람이 더 많이 베풀게 해서도 안 돼. 그렇지 않으면 나를 사랑하지 않을 거야.'

'어떤 관계에서든 나는 꼭 잘해야 해. 다른 사람을 만족시키지 않으면 안 돼. 그렇지 않으면 문제가 생겼을 때 내 책임이 될 거야.'

'다른 사람을 만족시켜야만 나는 사랑받을 수 있어.'

한마디로 말하면 사랑받을 능력이 없는 사람은 어떤 관계에서든 자신의 가치가 상대를 만족시키는 데서 온다고 생각한다. 다른 사람을 만족시키지 못한 건 자신이 부족했다는 뜻으로 받아들여 스스로 가치 없다고 여기고 사랑받을 자격 또한 없다고 생각한다.

그렇기에 사랑받을 능력이 없는 사람들은 자기 자신을 사랑하지도 않고 사랑할 줄도 모른다. 오랫동안 사랑받지 못했기 때문에 그 상태가 정상이라고 생각한다. 사랑받는 걸 비현실적인 환상으로 여긴다.

사랑받을 능력이 없는 사람들 마음에는 내가 싫어하는 사람과 나를 싫어하는 사람으로 가득 차 있다. 이 마음 때문에 누군가와 친해질 기회가 생겨도 누군가를 싫어하는 자신의 마음과 나를 싫어하는 상대의 마음으로 인해 고통받는다.

이들은 겉으로는 화목해 보이는 관계를 맺는 일에 문제가 없을지 몰라도 깊이 발전할 가능성이 있는 관계를 마주할 때는 크나큰 혐오와 공포를 느낀다.

어떤 관계에서든 사람은 자신의 진실한 욕구와 갈망을 피할 수 없다. 그저 사랑받을 능력이 없는 사람들은 이런 욕구와 갈망으로 인해 과거 큰 상처를 입었기 때문에 이를 반복하고 싶지 않아 물러설 뿐이다.

사랑받을 능력이 없는 사람들은 마음속 깊은 곳에 수치감이 자리한다. 수치감 때문에 마음 편히 사랑을 받을 수 없고, 뻔뻔하게 다른 이를 귀찮게 하지 못하고, 자신을 습관적으로 무시한다. 또 무의식적으로 자신은 사랑을 얻을 만한 사람이 아니라고 여긴다.

그렇기에 어떤 관계에서는 상대가 자신을 혐오하고 외면하게 만들기도 하고, 이 혐오를 외부로 투사해 자신이 상대를 혐오하고 무시하는 상황으로 조작하기도 한다. 이들에게는 한 가지 공통점이 있다.

'내가(네가) 뭐라고 사랑받을 자격이 있어?'

'사랑받으려면 내가 더 완벽해져야지.'

'내 사랑을 얻으려면 네가 완벽한 사람이 돼야 해.'

이처럼 자신과 상대의 사랑받을 자격을 운운하며 수치감과 혐오감을 처리하기 위해 애쓴다. 하지만 사랑받을 완벽한 자격을 갖춘다고 사라질 감정들이 아니다.

이때는 더 완벽해지기 위해 애쓰기보다 수치감과 혐오감 앞에 물러서지 않기 위해 노력해야 한다. 용기를 내 수치감과 혐오감을 마주해야 한다. 그때 비로소 사랑받지 못해 힘들어하는 자신과 결별하고 사랑받는 자리에 설 수 있다. 그러니 나는 충분히 세상의 호의를 받을 만한 사람이라고 자신에게 말해 주자.

영화 〈굿 윌 헌팅〉에서 숀은 윌에게 이렇게 말한다.

"네가 도망치고 남을 신뢰하지 않는 건 우리를 사랑해야 하는 사람들이 우리를 버렸기 때문이야."

이어서 숀은 윌의 어깨를 붙잡고 흔들며 외친다.

"그건 네 잘못이 아니야!"

그러니 수치감과 혐오감은 정말로 잘못한 사람에게나 던져 주고 내가 저지르지 않은 잘못까지 책임지려 하지 말자. 당신이 수치를 느껴야 할 이유도, 남이 당신을 싫어할 이유도 없다.

지금부터라도 자신을 사랑하는 법을 배우고 연마하자. 그래야 다른 사람의 사랑도 받을 수 있다. 그때부터 사랑을 주기도 하고 받기도 하며 진정한 사랑을 경험하고 누릴 수 있을 것이다.

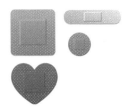

타인을 신뢰하는
능력에 관하여

사람마다 좋고 싫은 게 다르지만 나이가 들수록 좋아하는 건 줄어들고 싫어하는 건 많아진다고 느껴진다. 무언가 장벽처럼 나를 둘러싼 채 고립시키는 것 같고, 행복을 얻으려면 목숨을 걸고 찾아 나서야만 할 것 같다. 거부하고 싶은 건 점점 뚜렷해지는데 원하는 건 점점 더 멀어지는 듯하다. 사는 게 재미없어지기까지 한다.

어른의 세계는 냉정하고 치열하고 사람을 옭아매기만 하는 건지 한숨만 나올 뿐이다. 어른의 세계는 확실히 어린이의 세계와는 다르다.

어른이 된다는 건 곧 자기 자신을 책임진다는 뜻이다. 이 사실을 깨달은 깊이만큼 성숙해져 간다.

인생이 재미없다고 한탄하는 이유는 외부 세계의 기준을 과도하게 내재화했기 때문은 아닐까. 언뜻 보기에 좋은 것 같은 기준에 부합하려고 자신의 타고난 천성을 희생해 왔기에 그럴 수 있다.

대개 수용의 원리보다는 배제의 원리를 더 자주 따르게 된다. 그 결과 우리는 모두 배제의 철창에 갇혀 고독과 의심 그리고 적막 속에 살아간다. 서로 비교하고, 질책하고, 신뢰하지 않은 채 능력과 성과만을 좇아 달려 간다. 이는 우리의 삶을 냉혹한 경쟁으로 밀어 넣을 뿐이다.

배제의 원칙을 습관적으로 사용하는 사람은 일상생활에서 쉽게 스트레스를 받는다. 이들의 무의식 속 사회는 전쟁터이기 때문이다.

'반드시 최고가 돼야 해. 그래야 이 사회에 발붙이고 살 수 있어. 이를 위해서라면 뭐든지 할 거야. 남과의 비교는 멈출 수 없어. 그러다 밀리면 어떡해?'

이런 사람은 누군가와 건강하고 화목한 관계를 만들기 어렵다. 그들에게 있어 자신감은 남보다 우월할 때만 작동되기 때문이다. 자신보다 조건이 부족한 사람 앞에서만 자유로움을 느낀다. 상대가 자신의 적수가 되지 못하면 마음의 안정감이 지속될 거라고 생각한다. 신경을 곤두세우고 경계하지 않아도 되는 것이다.

이들의 행동은 시혜적이라고 볼 수 있다. 사실 이런 원칙을 과하게 사용하는 사람들은 잠재의식에서 자신이 부족하다고 느낀다. 자신이 남보다 못하다고 느끼기 때문에 의식적으로 '저 사람보다 내가 더 잘해야지' 하고 보상하려는 것이다.

사람을 신뢰할 줄 안다는 것

'직업에는 귀천이 있다'라는 관념을 듣고 자랐다면, 낮고 천한 자리를 피해 높고 귀한 자리를 맹목적으로 좇아 살게 된다. 또 어린 시절 약자의 위치에 있었거나 자신이 약하기 때문에 무력감을 경험했다면, 어른이 된 후에는 반드시 약자의 위치를 피하려 든다.

요컨대 남을 내려다보고 깔보는 이유는 자신의 평범함을 인정하지 못하기 때문이다. 이들은 다른 이에게 상처는 주지 않지만, 그 누구도 신뢰하지 못한다. 누군가를 만나면 습관적으로 그 사람의 단점을 찾는데 상대를 수용하기보다 비판하고 싶기에 그렇다.

언제나 상대의 단점에 주목하고 지적하길 좋아한다. 또 자신이 아니라 상대가 먼저 바뀌길 바란다. 이들은 자신이 남들의 부족한 부분을 잘 파악한다며 자랑스러워하지만, 사람들에게 미움만 살 뿐이다. 이는 인간관계에서 자주 발생하는 문제다.

관계를 유지하는 좋은 방법은 칭찬과 믿음이다. 믿음은 일종의 능력이자 선택이다.

누군가를 신뢰한다는 건 그의 장점에 주목하는 일과 같다. 그렇게 먼저 신뢰하다 보면, 상대의 뛰어난 점들이 눈에 띄게 된다.

모든 사람이 저마다 유일무이한 가치를 지녔다. 이 사실을 굳게 믿어야 한다.

다른 이에 대한 신뢰는 곧 자기에 대한 신뢰이기도 하다. 내가 충분히 잘하고 있다고 믿어야 한다. 수많은 허상을 붙잡고 자신의 겉모습을 부풀리는 데 혈안될 필요 없다. 성실하게 한 걸음, 한 걸음 앞으로 나아가면 된다.

싸움에 질까 두려워할 필요도, 웃음거리가 되지 않을까 걱정할 필요도 없다. 남들이 나를 무시할까 봐 두려워할 필요는 더더욱 없다. 부족하다고 느끼는 부분을 보완하고 자신의 능력을 키우는 일에 집중하면 되지, 자기를 변호하기 위해 어떤 일에 목숨 걸지 않아도 된다.

자신을 무궁한 가능성과 생명력을 지닌 존재가 아닌 변화 없이 정체된 존재로 여기면 우리의 성장은 더딜 수밖에 없다.

어떤 사람이 "제가 이유 없이 사람을 불신하는 게 아니에요. 세상이 워낙 험하니까 좀처럼 사람을 믿기가 어려워요"라고 말했다.

성숙한 신뢰란 무엇일까? 우선, 신뢰는 일종의 선택이다. 당신이 남을 신뢰하기로 했어도 상대가 당신을 신뢰하리라는 보장은 없다. 그리고 이를 기대해서도 안 된다. 혹 상대가 나의 신뢰에 보답하지 않는다면 그에 대한 믿음을 포기할 것인가?

보통 한 번의 상처가 평생의 공포로 남을 때 불신이 생긴다. 과거에 크게 배신당한 기억 때문에 다시는 행복하지 못할 거라고 단정한다. 또 크게 실패한 경험 때문에 도전이 두려워지기도 한다. 모두 흔히 범하는 실수다.

사실 남을 신뢰하는 건 자신을 돕는 일이다. 다른 사람을 신뢰함으로써 공포의 올가미에서 벗어날 수 있다. 신뢰하기로 선택하면 행복을 만날 가능성이 훨씬 커진다.

긍정적인 화법으로 자신의 바람을 표현해 보자. 상대에게 "네가 할 수 있다고 믿어" 하고 말해 보는 것이다.

다른 사람을 평가하고 고치려는 태도는 본질적으로 남을 믿지 않기 때문에 나타난다. 타인을 존중하지 않는 것이다.

부정하고 비판하는 태도가 아닌 상대를 긍정하는 태도로 바라는 바를 표현해 보자. 상대는 자신이 신뢰받고 있다고 느낄 것이고, 둘의 관계는 우호적으로 발전할 것이다.

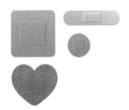

열등감을 증폭시키는
자기비하

현대인의 마음의 고질병을 꼽으라고 한다면 무조건 열등감을 첫 번째로 꼽을 것이다. 모든 사람은 적든 많든 어느 정도 열등감을 느끼며 살아간다. 자신이 부족하다고 느끼고 자기에게 문제가 있는 게 아닐까 걱정하고, 자신에 대한 타인의 평가를 두려워한다.

많은 사람이 열등감을 떨쳐 내고자 자신의 부족함을 원인 삼아 자신의 능력을 끌어올리기 위해 무던히 노력한다. 자신이 뛰어난 사람이 되면 열등감에서 벗어날 수 있으리라 생각하지만, 사실 노력하고 난 후에도 별로 달라지는 건 없다. 어떤 사람은 노력할수록 오히려 더 열등감이 커진다. 무엇이 문제일까?

심리학에서 열등감은, 개인의 우수한 정도와는 무관하고 과거 부모와의 관계에 더 큰 영향을 받는다고 본다.

부모가 자녀의 타고난 성정을 수용하지 않은 채 완벽한 기준을 제시하며 양육했다면, 아이는 자신에 대한 만족감 없이 자랐을 가능성이 높다. 어떻게 해도 부모의 기준에 도달할 수가 없고, 좋은 성과를 거둬도 부모는 만족하지 않고 기대감만 높아지기 때문이다.

어렸을 때부터 이런 환경에서 자란 아이는 마음에 고통이 가득하다. 이런 부모들은 천진난만하게도 아이를 계속해서 혼내고 닦달하면, 아이가 발전할 거라고 언젠가는 자신의 기대와 요구에 부응하는 '완벽한 아이'로 성장할 거라고 믿는다.

'내가 싫은 일은 남에게도 맡기지 말라'는 보편적으로 받아들여지는 상식이 일상에서는 잘 통용되지 않는다. 가령 많은 부모가 자신의 부족함과 상관없이 아이의 부족함은 용납하지 못한다. 아이가 자기 인생의 구원자라고 생각한다. 아이가 자신의 꿈을 대신 이뤄 주길 바라기 때문에 자신도 해내지 못한 일들을 아이에게 끊임없이 요구한다.

'사랑의 이름으로'라는 말이 있다. 여기서 사랑은 연인뿐만 아니라 부모와 자식 간에도 해당되는 것으로 정서적 관계에 있어 많은 문제를 불러일으킨다.

어린 시절 부모와의 관계가 좋지 않은 아이들은 성인이 된 후에도 진실한 자신을 수용하는 데 큰 어려움을 겪는다. 부모로부터 장점보다 단점을 더 많이 지적받으며 자랐다 보니 성장한 후에도 자신의 단점에 몰입돼 자신을 공격하는 일을 멈추지 못한다.

부모가 다른 아이의 장점은 눈여겨보며 자녀의 단점을 지적했기 때문에 아이는 스스로 부족하다고 느끼며 자랄 수밖에 없다. 성인이 돼 부모가 그랬듯 남을 눈여겨보며 다른 사람의 장점으로 자신의 단점을 가늠한다. 그렇게 스스로 헤어 나올 수 없는 상태로 살아간다.

열등감은 능력이 아닌 관계의 문제

열등감은 능력의 문제가 아니다. 어린 시절 형성되고 성인이 돼서도 이어지는 학대 관계로부터 파생된 일이다. 어릴 때 부모의 잘못된 교육 방식 때문에 학대형 관계가 만들어졌고, 성장 후에는 부모를 대신해 자기가 자신을 학대하며 살아가는 것이다.

열등감은 개인의 능력이 아니라 인간관계와 세계관의 문제다. 이 둘 사이에는 어떤 관계성이 있는 걸까?

오랫동안 아무 의심 없이 사람들은 타인의 기준을 따라 스스로를 정의해 왔다. 타인의 기준이 곧 사회의 기준이기 때문이다. 하지만 이는 진실한 자신을 받아들이는 데 방해가 된다.

타인의 기준에 맞춰 살다 보면 점차 진실한 자아는 거들떠보지 않게 되고, 사회의 인정을 받는 일에 안달하며 살아가게 된다.

열등감으로부터 벗어나고 싶다면, 스스로 완벽한 존재가 되기 전에 자기 자신을 바라보는 관점이 달라져야 한다. 타인의 기준이, 세상의 사고방식이 자신에게 어떤 영향을 끼치는지, 자신과 이 세계의 관계를 명확하게 파악해야 한다.

눈으로 보이는 건 열등감이지만, 그 뒤에는 마음으로 들여다봐야 할 수천 갈래의 관계가 존재한다. 이 사실을 기억할 때 우리는 열등감으로부터 벗어나 자유롭게 살아갈 수 있다.

잘못된 기대와 기준에
꽁꽁 묶인 삶

한 내담자가 있었다. 그는 물질적 조건을 두루 갖췄음에도 불구하고 자기 삶이 별로라고 느꼈다. 일상이 지루하고, 재미없고, 활기조차 없어 어찌할 바를 모르겠다고 했다.

상담할 때 그는 반복적으로 자신의 개인 자산과 수입을 언급했는데, 그때만 즐거워 보였다. 자신이 이룬 성과가 아닌 다른 주제에 관해 이야기할 때는 위축되고 의기소침해졌다.

"이 모든 게 다 무슨 소용이에요? 즐겁지 않아요."

그가 느끼는 좌절과 우울에는 수많은 분노가 뒤섞여 있었다.

"어떤 마음인지 알 것 같아요. 이 세상이 선생님께 빚진 게 많은 것 같아 화나는 거 아니에요?"

"이렇게 열심히 일하는데 제가 원하는 건 하나도 얻지 못한 것 같아요. 마음 맞는 연인 하나 없고, 제가 원하는 대로 살지도 못했어요."

"마음 맞는 연인과 안락한 가정을 꾸리는 삶이, 열심히 일하고 부자가 된 후에 당연히 따라와야 할 보답이라고 느끼세요?"

"당연한 거 아닌가요?"

또 다른 내담자가 있었다. 뛰어난 미모에 능력도 출중한 젊은 여성이었는데, 그녀는 늦도록 연애를 하지 않았다. 자신의 이상형에 부합하는 사람이 없었기 때문이다.

그녀는 억울한 마음과 큰 분노에 사로잡혀 있었고, 이 모든 일의 원인을 자신의 운명과 연관 지었다.

나는 그녀에게 물었다.

"남자친구가 어떻게 해 줘야 한다고 생각해요?"

"제 장점을 잘 알고 좋아해 줘야 해요."

"남자친구가 당신을 '여신'으로 대접해 주길 바라나요?"

나의 질문에 그녀는 민망해했다.

실제로 그녀는 여신으로 불릴 만큼 대단한 사람이었다. 170센티미터의 키에 예쁜 외모, 해외 유학파에 자기 소유의 회사도 있고, 가정환경까지 좋았다. 하지만 문제는 그녀 자신조차 스스로를 여신으로 여겼다는 데 있었다.

잠깐의 상담 후 나는 그녀의 언행을 통해 확신할 수 있었다. 그녀는 어디를 가든 도도한 모습으로 일관했고, 주변 사람들이 자신을 떠받들어 주길 바랐다. 그리고 자신의 기대와 달리 사람들이 대접해 주지 않으면 크게 화를 냈다.

"혹시 주변 사람들의 마음은 어떨지 생각해 본 적 있으세요?"라고 물었다. 나는 동의를 구하고 일상생활에서 그녀의 도도한 모습을 똑같이 흉내 냈다. 그녀는 내 연기를 보고 웃음을 참지 못했다.

"제가 멍청해 보인다는 뜻인가요?"

"아니요. 방금 말투는 여신 같지 않지만 진실한 자신과 더 가까워진 듯 보이네요."

그녀는 금세 내 말뜻을 이해했다.

"혹시 제가 평소에 너무 도도한 모습이라 아무도 저를 좋아하지 않는다는 뜻인가요?"

"여신이라는 꼬리표가 붙으면 행복하겠지만 그걸 꼭 붙잡을 이유가 있을까요? 사람들 앞에서 나무 인형으로 사는 것과 다를 바가 없지요."

주변에 여신으로 살고 싶은 사람들은 참 많다. 그들은 자신의 신분, 수입, 직함 등을 앞세운다. 이런 지표들을 자본 삼아 사람들이 자신을 숭배해 주길 바란다.

비즈니스를 할 때야 이런 전략이 먹힐지 몰라도 친밀한 관계나 정상적인 인간관계에서 자신의 자본을 앞세운다면, 누구도 당신의 진정한 모습을 알아 갈 수 없다. 좋은 관계를 만드는 건 더더욱 어렵다.

사람들이 함께하고 싶은 사람은 살과 피로 이뤄진 살아 있는 인간이지 도도한 척하는 여신이나 높디높은 곳에서 내려다보는 엘리트가 아니다.

'마땅히'라는 말에 나를 가두지 말자

모든 사람의 사유 속에는 자기도 모르는 수많은 '마땅히'가 있다. 무의식적으로 이런 '마땅히'에 꽁꽁 묶이고 만다.

'마땅히'라는 사유는 어린 시절부터 주입당한 어떤 가치관이나 살면서 겪은 어떤 경험에서 비롯된다. '마땅히'는 어떤 때는 긍정적으로 작용하지만, 대체로 우리의 삶을 제한한다.

앞서 언급된 두 내담자의 이야기는 흔히 성공 인사들이 가진 '마땅히'라는 사유에 사로잡힌 사례다. 그들은 어떤 세속적인 의미에서의 성공을 얻었기 때문에 세상과 타인에게 '마땅히 나한테 이 정도는 해 줘야지'라고 요구했던 것이다. 하지만 결과는 기대와 달랐고, 그들은 세상이 불공평하다고 느꼈다. 주변 사물을 수용하지 못하게 만드는 자신들의 오만함 때문에 스스로를 더 고통스럽게 만들었다.

어떤 사람은 자신의 기대와 기준에 미치지 못한 탓에 또 다른 거절을 당한다. 바로 자기 자신을 수용하지 못하는 것이다. 이들은 성공을 향해 나아가던 중 장애물을 만나 아직 목표하는 바를 이루지 못한 상태다. 이들은 깊은 수치감에 파묻혀 자기를 공격하며 지낸다.

부모의 무조건적인 사랑과 수용을 경험하지 못한 아이는 사랑이 무엇인지, 진실이 무엇인지 알지 못한다. 또 사랑과 진실을 믿지도 않는다. 어린 시절 부모가 그들 자체보다는 그들의 조건에 더 관심을 기울였기 때문에 커서도 일의 결과와 이익이라는 지표를 통해 외부 세계와 연결되길 바란다. 마치 비가 올 때 비 오는 날의 아름다움은 느끼지 못하고, 비가 자신에게 가져 올 손익만 계산하는 모습이다.

그 결과로 주어진 삶은 당연히 고통스럽다. 진실한 자아를 펼치지 못한 채 안정감 없이 살아가기 때문이다.

'마땅히'라는 사유는 머릿속에서 자기 멋대로 자라난다. 사람들은 이를 가지고 자신의 한계를 정하고, 남의 한계도 정하려 든다. 언제나 자신과 세상이 이 사유에 부합하길 요구하고, 세상을 느껴 보려 하지 않는다. 끊임없이 평가하고 선입견을 가지고 자신과 남을 바라본다.

스티브 잡스는 "계속 배고픔을 느끼세요. 계속 바보로 남으세요(Stay hungry, Stay foolish)"라고 말했다. '무소유와 무지의 상태를 유지하라'는 뜻이 아닐까?

왜 무소유와 무지의 상태로 남아 있어야 할까? 소유와 앎에 대한 경계가 느슨해지는 순간, 잘못된 길로 들어설 수 있기 때문이다. 길을 잃게 되고, 겹겹이 쌓인 그릇된 생각들에 사로잡혀 진실한 삶을 등지게 된다.

심리학에서 원가족을 연구하고 개인의 성장 과정에 주목하는 이유는, 사람은 경험의 노예라서 과거의 경험 속에 갇혀 살기 때문이다. 사람들은 이 경험을 모두 보물처럼 소중히 여긴다. 그래서 자신이 여기에 묶여 있다는 사실을 잘 모른다.

스티브 잡스의 명언은 우리에게 '경험'을 경계하라고 주의를 일깨워 준다. 아무것도 가지지 않은 상태로, 아무것도 모르는 상태로 되돌아가 처음과 같은 마음으로 자신과 세상을 마주하고 이해하라고 권하는 것이다.

대개 얻은 것과 잃은 것을 바탕으로 자신을 평가한다. 어떤 때는 성공한 사람을 자신으로 여기고, 어떤 때는 실패한 사람을 자신이라고 생각한다. 하지만 이들 누구도 진정한 자신이 아니다.

진실한 자아는 아무것도 가지지 않고, 아무것도 모르는 사람이다.

무소유와 무지의 상태로 살아갈 때 무엇을 잃을까 봐 두려워하지 않게 된다. 또 언젠가 무소유와 무지의 상태로 돌아가야 하기에 소유와 앎에 집착하지도 않는다.

'마땅히'라는 생각은 우리에게 수많은 분노와 원망을 가져온다. 혹시 분노와 원망 속에 살고 있다면, 잠시 멈춰 내면의 소리에 귀를 기울인 채 자신에게 이렇게 물어보자.

"너는 내가 무엇을 하면 좋겠니?"
"너는 저 사람이 무엇을 하길 바라니?"
"너는 왜 그 같은 요구를 했니?"
"그 요구사항을 들어주지 않으면 너는 무엇을 잃게 되니?"

모든 사람이 세상이 자기 뜻대로 굴러가길 원하지만 헛된 기대일 뿐 실제로 세상이 돌아가는 원리가 아니다. 내가 해야 할 일은, 세상은 내 뜻대로 굴러가지 않는다는 사실을 받아들이는 것과 마음속의 갖가지 조건들을 내려놓는 것이다.

이제부터라도 호기심을 가지고 자신과 타인과 세상을 향해 나아가 보자. '마땅히'를 내려놓고 흘러가는 대로 느껴 보자.

죽기 살기로
몰아붙일 필요 없다

혹시 평소에 자주 불안하고 초조한가? 몸과 마음의 힘을 빼는 일이 어렵다고 느끼는가? 만약 그렇다면, 당신은 일상적인 긴장 상태에 빠져 있을 가능성이 높다.

일부 상황에서 우리는 긴장했다는 사실을 인식할 수 있다. 낯선 사람을 만났을 때, 갓 졸업하고 취직했을 때, 중요한 시험을 앞두고 있을 때, 여러 사람 앞에서 연설을 해야 할 때, 중요한 프로젝트를 완성하지 못했을 때 등등 그렇다.

이런 상황에서 긴장했다는 사실을 알 수 있는 건 우리의 신체가 명확하게 반응하기 때문이다. 심장이 빨리 뛰고, 땀이 나고, 얼굴이 붉어지고, 몸이 떨리고, 말할 때 덜덜 떠는 식으로 반응이 나타난다.

자신이 긴장했다는 사실을 모르는 상황도 분명히 있다. 하지만 몸은 팽팽하게 굳어 있고, 마음 역시 불안으로 가득하다. 보통 여러 사람과 교류하거나 혼자 있을 때 이런 현상이 일어난다. 이런 긴장감은 스멀스멀 퍼져 나가 일상생활의 기본 바탕을 이룬다.

자주 이런 말을 하곤 한다.

"○○ 씨는 생각이 많고 쉽게 긴장하는 타입이네."

"☆☆ 씨는 불안장애가 있는 것 같아."

"□□ 씨는 걱정이 많고 감정 기복이 심한 것 같아."

"△△ 씨는 조금만 무슨 일이 있어도 잠을 잘 못 잔다더라."

이처럼 일상생활에 퍼진 긴장감이 눈에 띄게 반응하는 긴장감보다 우리에게 더 나쁜 영향을 미친다. 성격으로 치부되어 우리의 이목을 끌지 못하고 무시되기 일쑤다. 누군가가 안색이 좋지 않다고 말해 주기 전까지, 제대로 힘을 빼 본 적이 없다는 사실을 깨닫기 전까지 자신이 쉽게 긴장하는 편이라는 걸 알지 못한다.

눈에 띄지 않게 퍼져 있는 일상적인 긴장감은 발견하기도 어려울 뿐더러 고치기도 쉽지 않다. 이 긴장감 때문에 늘 전전긍긍해하고, 편안한 마음으로 자신의 능력을 펼치지 못하고, 인생의 즐거움 또한 만끽하지 못한다.

우울 기질 유형의 후천적 요인들

늘 긴장하는 이유는 무엇일까? 긴장은 선천적인 기질일 수 있는데, 러시아 생리학자 파블로프가 분류한 네 가지 신경계 유형 이론과 관계가 있다.

우울 기질 유형에 속하는 사람은 신경이 쇠약하고 불균형하며, 신경 조절 능력과 자극을 이겨 내는 능력이 약하다. 외부의 자극으로부터 야기된 충격을 피하려고 자기 보호 전략을 펼칠 수밖에 없다. 이에 따라 예민해지고 작은 일에도 긴장하게 되는 것이다.

하지만 선천적인 기질 외에도 후천적 요인도 영향이 크다.

(1) 서로 공격하는 집안 분위기

톨스토이는 "행복한 집은 비슷하지만, 불행한 집은 저마다의 이유가 있다"고 말했다. 대표적으로 서로를 공격하는 가족은 불행해질 수밖에 없다. 이런 집안은 가족끼리 서로의 단점을 찾아 시비를 걸고, 이를 통해 힘의 우위를 겨루는 방식으로 관계를 맺는다.

대개 공격적인 태도는 부부 관계에서 먼저 시작된다. 부부는 서로를 불만족스러워하며 얕잡아 보고, 공격하고 평가하는 데 혈안이 돼 상대를 절대 칭찬해 주지 않는다. 시간이 흘러 부부 관계는 부모와 자식 사이로까지 퍼지고, 서로 공격하는 집안 분위기가 형성된다.

부부가 서로 존중하지만, 아이를 헐뜯고 공격의 대상으로 삼는 집안도 있다. 부모의 폭력적인 언행에 아이는 공포를 느끼고 늘 긴장하며 지내게 된다. 언제 어디서 갑자기 폭탄이 터질 줄 모르기 때문에 시시각각 고도의 경계 태세를 유지할 수밖에 없다.

자녀가 신경쇠약과 두통을 호소한다면, 부모는 가정환경을 되돌아볼 필요가 있다. 집안 분위기를 파악해 보는 것이다. 아이의 실수를 용납해 주는지, 아이가 자유롭게 천성대로 행동할 수 있는 분위기인지 말이다. 대개 아이가 신경쇠약과 두통을 앓고 있다면, 긴장을 늦출 수 없는 가정환경에서 자라고 있을 가능성이 크다. 부모의 책임이 크다.

(2) 정서 불안장애가 있는 부모

정서가 불안한 부모는 롤러코스터 마냥 감정 기복이 심하다. 이처럼 시시때때로 변하는 부모의 감정에 맞춰 반응하고 적응하는 일은 아이에게 어려운 일이다.

눈 깜짝할 새 분위기가 변하는 가정에서 자라다 보면 주위를 경계하는 일은 습관이 된다. 이는 모든 생물의 생존 본능이다. 이런 환경에서 자란 아이는 늘 마음을 졸이며 살아가고 주변을 경계하게 된다.

(3) 사람보다 규칙을 중시하는 가정

아이에게 많은 규칙을 강요하는 가정이 있다. 소파에 앉는 자세부터 신발과 옷의 스타일, 시험 성적까지 모든 일에 규칙을 부여한다.

이런 가정의 부모는 공격성이 다분하다. 규칙은 자신들의 공격성을 해소할 하나의 방편에 지나지 않는다. 매우 엄격한 이들은 자녀에게 부모가 아닌 경찰처럼 행동한다.

반드시 규칙을 지키며 생활해야 하는 이런 가정에서 아이는 집안 분위기에 억눌러 느긋해지기 어렵다. 이렇게 자란 아이들은 매사에 느긋하게 행동하지 못하고 규칙에 어긋날까 봐 늘 전전긍긍해한다.

(4) 어린 시절에 상처가 많은 사람

안정감이 부족한 이유는 많다. 어린 시절 분리 불안을 겪었을 수 있고, 집단 따돌림을 당했을 수 있고, 부모와의 관계가 화목하지 않았을 수 있다.

안정감이 없으면 느긋해지기 어렵다. 예전에 안정감이 부족한 사람을 만난 적 있다. 그는 하루에 2~3시간 잠을 잤고, 담배를 엄청나게 피워 댔다. 그가 그렇게까지 긴장하며 살아갈 수밖에 없는 이유는 그의 삶이 지독하게 불행했기 때문이리라.

(5) 자존감이 낮은 사람

자신의 가치를 낮게 평가하는 사람의 긴장감은 열등감과 관련 있다. 때문에 비교적 뚜렷한 증상을 보인다. 자신이 부족하다고 여기고, 상대에게 자신의 단점을 들킬까 봐 항상 불안해한다. 그 같은 걱정으로 인해 매사에 늘 예민하게 반응하고, 좀처럼 긴장을 늦추지 못한다.

긴장하는 사람들의 특징

일상적인 긴장 상태인지 확인할 수 있는 좋은 방법이 있다. 자신에게 물어보는 것이다. 혼자서 시간을 보낼 때 느긋하고 여유로운 편인가? 아니면 계속 불안함을 느끼고 자기 자신을 재촉하고 공격하는 편인가? 긴장이 일상인 사람들의 마음속은 어떤 상태일까?

(1) 끊임없이 자신을 공격한다

자신을 공격하는 일이 일상이라면, 엄격한 부모와 규칙이 많은 가정에서 자란 탓이다.

이들은 대체로 자신에 대한 요구가 많고, 마음속에 경찰이 있는 것처럼 자신의 일거수일투족을 감시한다. 그리고 자신이 그 기준에 도달하지 못하면 바로 벌을 내린다.

자기 자신에게 엄격한 사람, 자신에 대한 요구가 까다로운 사람의 마음은 전쟁터와 같다. 전쟁은 멈추지 않고 계속해서 일어난다.

이런 사람의 마음을 집으로 비유한다면, 그 집은 안락하고 편안한 분위기일 수 없다. 마음속 집에 심판대와 단두대를 세우고 쉬지 않고 손에 쥔 칼과 철퇴를 휘두른다.

(2) 외부 세계에 대한 불신이 강하다

습관적으로 긴장하는 사람은 다른 사람을 의지하지 못한다. 인간관계를, 도움을 주고받고 서로 의지하는 관계보다 먹고 먹히는 강약의 관계로 인식한다.

이들은 사람들과 관계를 맺을 때 움츠러들거나 강한 척하며 자신을 방어한다. 이 같은 태도는 사람들과 편안하고 느긋한 관계를 만드는 데 전혀 도움이 되지 않는다.

또 환경을 부정적으로 예측하는 습관이 있다. 새로운 환경에 가거나 낯선 사람을 만날 때 쉽게 긴장한다. 처음부터 모든 상황을 부정적으로 가정하기 때문이다. 대표적으로 사람들이 모두 자신을 싫어할 거라고 지레짐작한다. 이런 생각은 대체로 과거의 경험에서 비롯된다. 과거의 경험이 현재의 행동을 좌지우지하는 것이다.

심지어 사람 자체에 공포나 적대심을 느끼고 자신을 꽁꽁 숨긴다. 이들은 자신들의 욕구를 내부로 억누른다. 이 욕구는 내부 압력이 너무 높아 언제든 터질 위험이 있는 유리병과 같다.

(3) 생각이 많아지면서 초조해진다

펄펄 끓는 물에 빠진 개미처럼 어떤 사람은 잠시도 차분히 있지 못한다. 자신은 부족하다는 생각에 매몰되고, 아직 처리하지 못한 일이 너무 많다며 좌불안석해한다.

늘 초조한 사람은 기본적인 생활 패턴 자체가 망가져 있다. 모든 사람은 태어날 때부터 사람이나 사물과 깊은 관계를 맺는 능력을 지녔는데, 이런 능력을 잃어버리면 표면적인 관계만 맺게 된다.

이들은 세속적인 이익을 좇을 때가 많다. 그래서 자신을 이익의 수단으로 여긴다. 예를 들면, 매일같이 공부하지만 공부에 전혀 흥미가 없다거나, 자주 선을 보지만 사랑보다는 결혼에 적합한 사람을 고른다거나, 매일같이 야근하지만 일이 좋아서가 아니라 돈을 벌기 위함이라거나 그렇다. 이들은 줄줄이 이어진 사회적 목표를 달성하느라 바쁘지만 마음은 늘 불안하다.

자신과 사회를 충분히 이해하지 못하면 자신을 도구로 대하고 이익만 좇아 살게 된다. 오늘날 많은 사람이 초조하고 우울한 이유가 여기 있다. 자신을 지나치게 시장 경제 속으로 편입시킨다.

사람들은 시장 가격에 따라 자신을 판매하는 데 열을 올린다. 외부세계가 자신에게 붙여 준 가격을 내면화하며 자신의 잠재력을 터무니없이 낮게 평가한다.

모든 사람은 값을 매길 수 없는 존재다. 자기를 존중하고 이해해야만 자신의 흥미를 발견할 수 있고, 사랑할 만한 사람을 진정으로 사랑할 수 있고, 이 세계와 깊은 관계를 맺으며 착실하게 살아갈 수 있다.

(4) 과도하게 자신을 통제한다

많은 사람이 '마땅히' 원칙을 따라 살려고 한다. '마땅히'란 어린 시절 내재화된 외부의 규칙이다. 매일 어느 정도 업무를 완성한다든지, 놀기 좋아하면 안 된다든지, 시간을 낭비하면 안 된다든지 등등의 규칙 말이다. 마치 자신을 노예 다루듯 관리하려 한다.

긴장에서 벗어나는 법

어떻게 긴장을 덜어 낼 수 있을까? 어떻게 긴장 상태에서 벗어날 수 있을까? 한 가지만 명확히 알면 된다. 바로 삶은 전쟁터가 아니라 즐겨야 할 소중한 시간이라는 사실을 말이다.

(1) 자기를 공격하는 일을 멈추자

많은 사람이 삶을 고생스럽고 쓰라린 것으로 인식하며 고생의 의미를 오해한다. 좋은 성과를 얻기 위해, 행복해지기 위해 자신을 혹사시킨다. 편안하고 즐거운 상태로 자신을 내버려 두지 않는다.

자신에 대한 공격은 이제 그만두자. 힘을 빼고 편안해져야만 진정으로 자신이 좋아하는 일을 찾을 수 있고 성공하고 행복해질 수 있다.

(2) 다른 사람을 믿고 의지해 보자

잘 긴장하는 사람은 공격성도 강하다. 남을 잘 믿지 못하기 때문에 다른 사람과 협업하는 데 서툴다. 사실 이들이 해야 할 일은 남을 공격하고 억누르는 게 아니라 믿어 보는 것이다.

자신의 약한 면을 보호하려 하지 말고 다른 사람에게 의지하는 법을 배워야 한다. 서로 의지할 때 긴장을 늦출 수 있다. 이들이 느끼는 약점도 안전지대를 찾을 수 있다. 필요 이상으로 긴장하고 두려워하지 않게 될 것이다.

(3) 불필요한 '마땅히' 원칙을 버리자

'마땅히' 원칙을 따르면 자신을 쉽게 잃어버리고 어찌해야 할 바를 모른 채 끝없는 불안 속에서 살아가게 된다. 의식적으로 자신을 통제하지 않아야 느긋해질 수 있다.

속도를 늦추는 법을 배우고 이 세계와 깊은 관계를 만들어 보자. 내면에 주의를 집중하며 마음의 소리를 따라 자신을 존중해 주자. 삶의 주체가 되자. 그래야 근심, 걱정 없는 삶을 누릴 수 있다.

3장

사람들과
문제없이 잘 지내는 법

물러서지 않는 관계

뒤틀린 인간관계를
맺는 이유

초등학생 때 나를 놀려 끝내 울음 터뜨리게 하는 수학 선생님이 있었다. 수업할 때마다 나를 일으켜 세워 이상한 질문을 던져 놓고 대답할 때까지 기다렸다. 내가 당황해 대답하지 못하면 한참을 놀려 댔고, 내가 울어야만 상황은 끝이 났다.

내가 잘 운다는 점을 알았던 선생님은 매번 내가 울 때까지 놀리곤 했다. 내가 울면 대성공이라는 듯 "봐라, 봐라! 또 운다, 또 운다!" 하며 흥분해 소리쳤다. 그러면 반 아이들은 전부 웃어 댔고 나는 거기 서서 그 끔찍한 민망함과 괴로움을 견뎌야 했다.

어른이 된 후 이때의 경험이 나에게 어떤 영향을 미쳤는지 정확히 묘사하기는 어려웠지만, 한 가지는 확실했다. 나에게 상처로 남았다.

그때 수학 선생님의 행동은 내가 부족한 존재라고 느끼게 만들었다. 나는 내가 몹시 부족한 학생인 것처럼 여겨졌다. '남들은 잘 울지 않는데, 나는 왜 이렇게 잘 우는 걸까?' 하고 생각했다. 또 선생님이 나를 미워한다고 생각했다.

하지만 선생님이 나를 미워했다고는 말할 수 없다. 선생님은 개인적으로 나에게 많은 관심을 가져 줬다. 내가 대학에 진학했을 때, 직업적으로 성과를 이뤘을 때 모두 진심으로 자랑스러워해 줬다. 또 이 선생님은 어머니의 동료 교사였다. 어머니는 그가 마음은 따뜻한데 성격은 좀 특이하다고 했다.

나는 지금에서야 선생님이 왜 그때 그런 식으로 날 대했는지 알았다. 나를 아꼈기 때문에 더 가까워지고 싶었던 것이다. 그 선생님의 표현 방식은 나를 아낀다고 볼 수 없었지만, 성격이 특이한 사람은 호감을 표현하는 방식이 남다를 수 있다는 사실을 깨달았다. 상대를 민망한 상황으로 몰아넣는 방식일 수도 있는 것이다.

상대가 '으앙' 하고 울면 더할 나위 없이 좋은 것이다. 사춘기의 소년처럼 상대를 괴롭히는 방식으로 좋아하는 마음을 표현하는 것이다. 그렇지만 그 표현 방식은 당시의 나를 정말로 힘들게 했고, 공포를 느끼게 만들었다.

선생님은 동료 교사 누구와도 잘 지내지 못했다. 그의 표현 방식이 오해를 불러일으켜 관계에 부정적인 영향을 끼쳤기 때문인 것 같다.

더 관심 가져 주길 바라는 마음

다른 사람과 관계가 껄끄러울 때가 많다고 털어놓는 몇몇 내담자가 있었다. 어떤 내담자는 직장 상사와 관계가 좋지 않았다. 다른 내담자들은 자신의 선생님, 체육관 코치, 룸메이트와 관계가 나빴다.

껄끄러운 관계들을 분석해 보면 어느 하나 예외 없이 당사자들은 이런 관계에서 자신이 무엇을 바라는지 깨닫지 못했다.

상사와 매번 부딪히는 내담자는 자신이 무의식적으로 상사에게 얼마나 큰 기대를 걸고 있는지 몰랐다. 상사가 자기를 좋아해 주고, 자신만을 총애해 주기를 바랐다. 상사가 기대만큼 자신을 대해 주지 않으면, 크게 분노하며 상사에게 불만을 느끼고 사사건건 시비를 거는 방식으로 실망감을 표현했다. 특히 상사가 다른 직원을 높이 평가하고 좋아하는 것 같으면, 불만은 급격히 커져 자극적인 방식으로 존중받고 싶다는 갈망을 드러냈다. 연애할 때 질투하는 것도 이와 비슷하다.

요컨대 내담자가 이렇게 행동한 이유는 상사가 자신을 인정해 주고 아껴 주길 바랐기 때문이다. 그가 이 사실을 깨닫지 못했기 때문에 자신을 대하는 상사의 태도에 예민하게 반응했고, 상사의 일 처리 방식과 자신에 대한 평가에 지나치게 몰두했던 것이다.

즉, '나와 너의 관계가 껄끄럽고 불편한 이유는, 나는 네가 날 신경 써주고 존중해 주길 바라는데 너는 그렇게 행동하지 않고 나를 거들떠 보지도 않기 때문이다. 그래서 나는 너의 말에 반대하고 공격한다'는 것이다.

실제로 내담자는 "상사의 말에 반대하고 공격했지만, 사실 마음속으로는 그가 저의 모든 것을 포용해 줬으면 좋겠어요"라고 말했다.

결과는 불 보듯 뻔하다. 상사가 아무리 공감 능력이 좋은 대인배라 해도 상대의 공격적인 행동은 반감을 불러일으킬 뿐이다. 상사도 불만이 생길 테고, 결국 두 사람의 사이는 단절될 것이다.

체육관 코치와 관계가 나쁜 내담자도 마찬가지다. 처음에는 코치가 자신에게 더 관심을 가져 주길 바라는 마음이었다. 하지만 코치가 무심결에 한 몇 가지 작은 행동 때문에 내담자는 코치가 자신에게 무관심하다고 생각했다. 그래서 운동할 때 코치가 열심히 가르쳐 줬지만 일부러 못하는 척을 했다.

이는 일종의 무의식적인 보복 행위로 내담자는 이를 통해 코치에 대한 자신의 불만을 드러낸 것이다. 다만 내담자는 자신이 코치를 얼마나 신경 쓰는지, 왜 코치에게 화가 났는지 깨닫지 못했다.

내담자가 자신의 욕구를 의식적으로 억누르면서 코치와의 관계는 뒤틀렸다. 평소 습관대로 신경 쓰지 않고 회피하는 방식으로 코치와의 관계를 처리했지만, 잠재의식은 내담자의 속마음을 낱낱이 내보였다. 이를 자신만 알지 못했다.

뿌리 깊은 열등감에서 비롯된 나르시시즘

자신의 욕구를 정면으로 마주하는 건 올바른 행동이다. 어릴 때 나는 낯을 많이 가려 사람들과의 교류를 피해 다닐 때가 많았다. 어머니는 내 성격이 명랑하고 대범하길 바랐기 때문에 우물쭈물 행동하는 나를 자주 혼냈었다.

어린 시절 어머니는 나의 부족한 점들을 쉬지 않고 나열하며 나를 자주 다그치곤 했다. 또 온 가족을 불러다가 그 앞에 나를 세워 놓고 면박을 주기도 했다. 그 결과 나는 오랫동안 사람들을 피해 다니게 됐고, 창피한 일을 당하지 않도록 몸을 사렸다.

대학에서 심리학을 배우면서 대범한 태도란 무엇일까 고민했다. 나는 대범함이란 자신의 욕구를 부끄러워하지 않고, 인정하고, 자신감 있게 표현하는 태도라고 이해했다.

내가 어릴 때 낯을 가렸던 이유는 성장 과정에서 나의 욕구를 마주하고 인정할 기회와 용기가 없었기 때문이다.

어머니는 항상 '너는 부족해, 다른 집 아이들보다 못해'라는 정보를 나에게 주입했다. 나에 대한 불만이 얼마나 큰지, 어머니는 내가 얼마나 엉망진창인 아이인지 끊임없이 상기시켰다. 이런 어머니의 말과 행동은 나를 주눅들게 했고, 용기를 잃게 만들었다.

자신이 잘하고 있는지 아닌지 확신할 수 없으면, 사람은 대범해지기 어렵다. 마음속에 수치스러움이 가득하기 때문이다.

수치스러움이 가득한 사람이 어떻게 당당하고 떳떳하게 자신의 욕구를 표현할 수 있을까? 어쩌면 한 번도 자신의 욕구를 마주할 기회를 얻지 못했을 수 있다.

지지와 인정을 받은 경험이 적은 사람은 자신의 욕구를 마주할 배짱이 없다. 대범하게 표현하는 건 더더욱 못한다. 이때 잠재의식은 여러 모습으로 변형하고 위장해 표출되지 않은 욕구를 밖으로 드러낸다.

비난하고 불만을 터뜨리는 방식으로 인정받고 존중받고 싶은 욕구를 드러낸다. 이렇게 행동하는 이유는 자신에게 가장 무해한 표현 방식인 동시에 얻을 수 있는 게 많기 때문이다.

상대를 비난하고 깔보는 것으로 '내가 남보다 낫다', '나는 잘못이 없어'라는 우월감과 결백함을 느낄 수 있고, 나르시시즘도 깨트리지 않을 수 있다. 또 자신의 기대가 무너져 겪는 스트레스를 상대에게 전가함으로써 한시름 놓을 수 있다.

많은 부모가 상대를 비난하는 방식으로 자녀를 훈육한다.

아이를 성공시키는 데 혈안이 된 부모들이 있다. 아이의 일거수일투족에 주목하고 모든 에너지를 아이를 키우는 데 사용한다. 그들은 "내가 이렇게 고생하는 건 다 너 때문이야", "너를 위해서라면 뭐든지 다 할 수 있어" 같은 말을 입에 달고 산다.

아이는 '반드시 성공해야 한다'는 부모의 말에 꽁꽁 묶여 이러지도 저러지도 못한다. 부모와 자신의 관계가 이상하다고 느끼지만, 구체적으로 어디가 이상한지 알지 못한다.

수많은 아이가 어떤 일을 해낼 에너지를 갖지 못하고, 무의식적으로 일을 망치는 방식으로 자신의 분노를 표출한다.

많은 부모가 자신의 삶에 대한 기대를 아이에게 전가한다. 또 아이가 자신의 욕구를 만족시켜 주길 바란다. 이는 성공에 대한 환상만 있을 뿐 성공을 좇는 과정이 얼마나 험난한지 모르기 때문에, 노력해도 실패할 수 있다는 사실을 인정하지 않기 때문에 일어난다.

어떤 사람들은 나르시시즘을 포기하고 싶지 않아 자녀를 자신의 기대에 묶어 둔다. 그들은 아무런 책임도 지지 않고, 그저 자녀에게 이것저것 요구하기만 한다. 자녀를 비난함으로써 자신이 우월해지는 것이다. 심한 경우 이런 부모는 나르시시즘형 인격 장애를 갖기도 한다.

나르시시즘을 바탕으로 한 자아 인식은 외부 세계를 부정하고, 타인을 깎아 내려야만 유지할 수 있다. 그렇기 때문에 다른 사람과 평등한 관계를 유지하지 못하고 상대를 박해하고 조종하려 한다.

나르시시즘이 뿌리 깊은 열등감으로부터 비롯됐다는 사실만 인지할 수 있다면, 진흙탕 같은 삶에서 빠져나올 수 있다. 인격 장애 환자가 되지 않을 기회가 아직 있는 것이다. 자신을 마주해야 한다. 물러서지 않아야 한다.

자기 욕구를 똑바로 표현하라

내가 나의 욕구를 똑바로 마주할 수 있을 때부터 낯을 가리지 않고 우물쭈물 행동하지 않기 시작했다.

어머니가 과거에 했던 말들이 내게 미친 영향을 명확하게 인식했다. 내가 얼마나 다른 사람들의 칭찬과 인정에 목말라하는지 직면했다. 나의 키, 외모, 성격 그리고 능력을 포함한 현실적인 조건을 받아들였다. 성공과 부에 대한 나의 갈망 또한 인정했다. 나의 걱정과 두려움을 피하지 않고 똑바로 마주했다.

내가 낯을 가리고 소심했던 건 가족들 역시 자기 욕구를 잘 표현하지 못했기 때문이다. 어머니는 내가 자랑스러운 딸이 돼 자신의 부족한 사교 능력을 메워 주길 바랐다. 하지만 이를 인정하려 하지 않았고, 그 결과 나에게 수많은 꼬리표를 붙이며 어머니의 인간관계에서 발생하는 불안을 나에게 전가시켰다. 이로써 나에게 문제가 없다는 사실을 확신한 순간, 대범하게 나의 욕구를 표현할 수 있었다.

누가 태어나면서부터 낯을 가리고 소심할까? 여러 차례 부정당하고 움츠러들면서 자신을 보호하기 위한 최선을 선택했을 뿐이다.

모든 인간은 타인의 인정, 수용, 존중 그리고 칭찬이 필요한 존재다. 이는 사람들 마음속에 깊게 뿌리 내린 갈망이다. 모든 생명은 누군가 자신을 봐 주길 바란다. 이 갈망이 번번이 좌절될 때 무의식은 이를 위장시켜 변형된 방식으로 자신을 만족시킨다. 미움으로 사랑을 표현하거나, 불만으로 친근함을 표현하는 것처럼 말이다.

누군가와 관계가 뒤틀리기 시작했는가? 뒤틀린 관계 때문에 힘겨운가? 나에게 문제가 있는 건 아닌지 찬찬히 살펴보자. 문제가 나 자신에게 있다면, 자신의 진실한 생각을 정리해 보자. 뒤틀린 관계의 실마리를 찾게 될 것이고, 모든 일이 자연스레 정리될 것이다.

연약함과 친해질 때
더 행복해진다

언젠가부터 모두 점점 더 독립적으로 변해 가는 것 같다. '믿을 건 자신뿐'이라고 생각해 자신의 안전 장치를 업그레이드시키고, 더더욱 안전을 보장받을 수 있는 기술들을 연마하는 데 열을 올린다.

사람들은 점점 더 강인해지고 독립적으로 변하지만, 점점 더 힘들고 외로워진다. 물질적인 생활 수준은 날로 좋아지지만, 마음 붙일 곳도 없고 즐거운 일도 그다지 많지 않다.

독립적인 삶은 현대인이 겪는 일종의 '병증'이다. 자기 자신이 약해질 수 없게 만드는 일종의 병이자, 삶 전체를 철저히 통제하는 병이기도 하다.

독립적인 삶이 추앙받는 이유는 오늘날의 사회를 살아가는 수많은 사람이 독립적인 삶이 곧 강인한 삶이라고 여기기 때문이다. 또 강인함을 추구하는 이유는 사회가 '연약함에 대해 반감'을 가졌기 때문이다.

모든 시대마다 다른 주류 문화가 존재한다. 이 주류 문화가 반대하고 배척하는 건 쉽게 수치의 범주에 편입된다. 강인함을 숭배하는 문화가 주를 이루는 사회에서 약한 사람은 자신이 약하다는 사실을 수치로 여긴다. 이런 수치감 때문에 약한 사람은 자신이 강인해지길 원하고 자신의 약함을 용납하지 못한다.

본래 약함은 인간의 본성을 이루는 중요한 일부분이다. 자신의 여린 마음을 표현하지 못하고 약함을 수치스러운 것으로 치부하면, 절대 자신의 약함을 드러낼 수 없다. 다른 사람에게 비웃음을 사지 않기 위해 자신의 단점을 꽁꽁 싸매고 숨기는 데 급급한 삶을 살게 된다.

자신의 약함을 억누른 채 능력을 극대화시키면, 독립적으로 살 수 있지만 동시에 다른 사람을 의지하는 능력을 잃어버리게 된다.

유리같이 여린 마음과 깨지지 않는 자존심

전업주부였던 여주인공이 이혼 후 직장 생활을 하며 제2의 삶을 사는 이야기를 그린 드라마 〈내 삶의 전반부〉가 있다. 여기서 여주인공 탕징은 아주 독립적인 성격의 소유자이지만 속마음은 매우 여리다. 자신의 여린 마음을 감추려고 연인 관계에서조차 절대 상대를 의지하지 않는다.

탕징의 남자친구 허한 역시 독립적이고 상대를 정복하고 통제하는 것으로 자신의 능력을 자랑하려 한다. 탕징은 자신의 약한 모습을 드러내지 않는데 허한은 그녀의 이런 모습을 잘 알지 못한다. 결국 두 사람은 오랫동안 연애하고도 결실을 맺지는 못한다. 두 사람은 끝내 서로를 신뢰하고 서로의 약한 점을 보듬어 주는 친밀한 관계로 발전하지 못한다.

오늘날 무수히 많은 '탕징'과 '허한'이 탄생하고 있다. 개인의 능력은 나날이 발전하지만 친밀한 관계는 나날이 약해진다. 이들은 홀로 적진에 뛰어들어도 살아남을 수 있을 것처럼 직장에서는 영웅의 역할을 자처하지만, 연인 관계에서는 어수룩하기만 하다.

사실 모든 사람은 다 약한 모습을 가지고 있다. 약한 모습을 지나치게 부정하면 마음의 문은 닫히고 만다. 자신의 약한 모습을 드러내지 못한다면 언젠가 이 약함은 당신의 발목을 잡을 것이다.

약한 모습을 드러내기 어려워하는 사람들은 대체로 강력한 방어 능력을 갖추고 있는데, 바로 강한 자존심이다. 자존심은 유리같이 여린 마음으로 상처받지 않으려 할 때 파생된다.

자신이 약했을 때 느꼈던 수치심이 다시 재현되는 상황에 빠지면 안 된다고 계속 귀띔하는 것이다. 그래서 자신의 약함, 다시 말해 자존심을 유지하는 데 많은 에너지와 시간을 사용하는 것이다.

자신의 약한 모습을 드러내지 못하는 데 몇 가지 이유가 있다.

(1) 사회적 요인

우리 모두 더 강인해지고자 노력한다. 사회가 강인함을 추앙하기 때문이다. 모든 사람이 쉽게 약한 모습을 보이지 못한다. 겉으로는 좋은 조건들을 가졌지만 대체로 진정한 자신의 모습은 아니다.

열심히 자신의 능력을 키우고 강인해져야 성공할 수 있다고 생각한다. 결국 자신이 원하던 모습이 됐지만 그다지 행복하지 않다는 사실을 발견한다.

행복이란 진실한 자신을 받아들인다는 의미다. 만약 강인하고 뛰어난 모습의 자신만을 받아들인다면 우월감 속에서 살게 된다. 하지만 이 우월감을 잃어버리는 순간 삶은 위기에 처한다.

많은 사람이 우월감을 좇아 달린다. 더욱더 뛰어난 사람이 되려고 노력하지만 진실한 자아는 간신히 숨만 쉴 뿐이다. 우월감이라는 환상에서 빨리 깨어날수록 더 진실하고 자유로운 삶을 살 수 있다.

(2) 세대 요인

부모 세대의 전통적인 사고방식에 영향을 받아 독립적인 삶을 그토록 갈망하는 것일지도 모른다. 특히 80년생이나 90년생은 독립적인 삶을 열렬히 추구하는데, 그들에게 독립적인 삶은 성공적이고 개성적인 삶과 상통하기 때문이다.

(3) 가정 요인

모든 가정은 사회적 규칙을 강력하게 따르는 집행자다. 부모로부터 약해지면 안 된다고 강인하게 살아야 한다고 배웠다면, 그의 자녀들은 자신의 약한 모습을 억누르며 살아가게 된다.

성장한 후에도 자신의 약한 모습을 느낄 줄 모르기 때문에 강인한 모습만 드러내게 된다. 다른 사람들의 약한 모습을 이해할 수 없게 되고, 사랑하는 사람을 아껴 주는 데도 어려움을 겪게 된다.

이렇게 되면 모든 사람과의 관계에서 상대를 통제하려 든다. 관계에 있어 따뜻함과 다정함, 평등과 수용은 찾아보기 힘들다. 이 같은 인간 관계는 견고할 수 없기 때문에 금방 무너지게 된다.

일부 부모는 맹목적으로 아이가 강인하고 뛰어나길 바라는 마음에 아이에게 무리한 요구를 하기도 하고, 완벽주의적 기준으로 아이를 이리저리 재단한다.

이처럼 부모로부터 수도 없이 부정당하며 자라는 아이는 매번 자신이 나약한 존재라고 여기게 되고, 어디에서도 도움받을 곳이 없다고 생각하게 된다.

'나는 부족하다'는 수치감은 아이의 마음속 깊은 곳에 자리 잡는다.

나중에 수치감은 공포로 변해 아이는 자신의 약한 모습을 절대 드러내지 않고, 그 어떤 비평도 받아들이지 못하게 된다.

이런 아이는 어떤 관계에서든 문제가 일어나기 마련이다. 몸에 수많은 폭탄을 지니고 있어 조심스럽게 앞으로 나아가도 외부 세계의 작은 자극에도 금방 터져 버린다. 결국 자신과 상대 모두에게 상처를 입히고 만다.

인간 본성을 인정하는 태도

어떻게 해야 자신의 약한 모습을 드러내면서 힘 주지 않고 편안하게 살 수 있을까?

약함은 인간 본성의 기본이라는 점을 인정해야 한다. 이를 부인하고 감추려 할수록 무인도에 갇힌 사람처럼 살게 되고, 깊은 피로과 무기력에 시달리게 된다. 모든 사람이 약함을 거부한다면 사회는 방어, 불신, 무관심, 경쟁과 통제로 가득 찰 것이다.

마음에 세워진 벽은 우리 자신이 상처받지 않도록 도와주지만, 한편으로는 우리를 고립시키기도 한다.

약함을 인정하려면 몇 가지 이치를 깨달아야 한다.

(1) 약함은 인간 본성의 중요한 일부다

약함은 떼려야 뗄 수 없는 인간의 일부로서 그림자와 같은 존재다. 실패와 무능력함을 확인시키는 상징이 아니다. 하지만 사회의 문화와 교육 방식은 약함을 실패와 무능력과 연결 지어 부정적인 감정을 느끼게 만든다.

종종 위로받고 싶을 때 자신이 약하다고 느낀다. 약하기 때문에 사람들과의 관계가 필요하다는 점을 깨닫는다. 자신의 약한 모습을 깨달을 수 있다면 다른 이의 약함도 돌아볼 수 있다. 이런 공감을 바탕으로 사람들과 탄탄하고 깊은 관계를 맺을 수 있다.

(2) 약함에 물러서지 않는 것은 강인하다는 증거다

자신의 약한 모습을 똑바로 볼 수 있어야 진정으로 강인한 사람이 될 수 있다. 약함을 마주할 수 없으면, 이를 방어하고 자존심을 유지하는 데 자신의 에너지를 쓸 수밖에 없다. 이는 자신의 발전을 가로막고 스스로를 더 약하게 만든다.

자신의 약함에 물러서지 않고 직시해야 그 속에서 힘을 얻을 수 있다. 자신의 약함을 마주하지 않고 계속 도망치는 건 눈 가리고 아웅 하는 자기기만에 지나지 않는다. 자신의 약함을 수용할 수 있어야 진정 강인한 모습으로 발전해 나갈 수 있다.

(3) 약함을 보일 수 없는 관계는 진실하지 않다

진실하고 튼튼한 관계는 자신의 약한 모습을 드러낼 때 형성된다. 도움을 청하는 건 약한 모습을 드러내는 방식 중 하나다. 그래서 "누군가를 사랑하는 건 그의 겉모습 뒤에 숨어 지내는 어린아이를 발견해 보듬는 일이다"라는 말은 아주 적절한 표현이다.

친밀한 관계에서 사랑은 약자에게 향한다. 누군가를 사랑하는 건 상대가 강인하기 때문이 아니라 상대가 드러낸 약한 모습에 마음이 움직이기 때문이다. 상대의 연약하고 외로운 모습이 다정한 마음과 연민을 불러일으키는 것이다.

자신의 약한 모습을 드러내지 못한다면, 다른 사람과 관계를 맺는 일은 어려울 수밖에 없다. 서로 약한 모습을 보여 준다는 건 상대를 신뢰하고 의지한다는 뜻이다. 그렇기에 약함을 드러낼 때 우리는 다른 사람들과 진실한 관계를 만들어 나갈 수 있는 것이다.

(4) 약함을 드러낼 때 자기중심적 사고에서 벗어날 수 있다

자신의 약한 모습을 억지로 가리다 보면 크나큰 짐을 짊어지게 된다. 여기에 너무 신경을 쏟다 보면 자기중심적 사고방식에 빠져들기 쉽고, 다른 사람의 마음을 신경 쓸 여유와 에너지 또한 잃게 된다.

자기중심적 사고방식에 빠져드는 이유는 우월감을 추구하기 때문이다. 남들보다 못할 것이 두려운 것이다. 이들은 원래 인생은 불공평하고 개인의 가치는 다른 사람보다 우월한 데서 온다고 생각한다.

하지만 약한 모습을 보인다는 건 자신이 다른 사람과 평등한 관계이고, 서로 같은 출발선 위에 서 있다는 사실을 인정해야 가능한 일이기 때문에 어려운 것이다.

많은 현대인이 독립적인 삶에 지나치게 의미를 부여하며 산다. 이로 인해 사랑하는 사람을 의지하고 친밀한 관계를 처리하는 능력을 잃었는데도 불구하고 말이다. 이는 진실한 나 자신을 잃는 일로 이어진다.

큰 성공을 이뤘을지 모르지만 '외딴 섬'이 돼 간다. 강인한 마음으로 세계를 정복하고 통제하는 법을 배웠지만 세계와 평화롭게 지내는 법을 잊어버렸기 때문이다.

자신의 약함에 물러서지 않고 마주하는 용기를 발휘해 보자. 약한 모습을 드러낼 줄 알아야 진실한 자신을 되찾을 수 있고, 그때 비로소 진실한 관계 안에서 힘 주지 않고 편안한 삶을 살 수 있다.

관계를 갉아먹는
시기와 질투

　시기심은 흔하게 나타나는 심리 문제다. 여러 문학작품이나 영화에서 질투심 때문에 인생을 망친 사람을 심심찮게 볼 수 있다.

　《삼국지》의 주유는 제갈량의 재능을 시기하지만 끝내 그를 넘어설 수 없어 악에 받쳐 죽는다.

　《천룡팔부》의 캉민은 질투에 사로잡혀 외모를 가꾸는 데 한평생을 바쳤으나 아쯔에 의해 얼굴을 훼손당하고 분노로 죽음에 이른다.

　셰익스피어는 《오셀로》에서 "질투를 조심하시옵소서. 질투는 사람의 마음을 농락하며 먹이로 삼는 녹색 눈을 한 괴물이니까요" 하고 개탄했다.

시기심은 중국에서 속칭 '붉은 눈의 병'이라고 불린다. 특정 이익을 쟁취할 때 경쟁자로 생각되는 사람을 깔보고 배척하는 태도나 심할 경우 적으로 삼는 태도를 말한다.

시기심은 비교적 복잡한 편이다. 여기에는 초조, 두려움, 슬픔, 의심, 수치, 자책, 의기소침, 증오, 원망, 적대감 등등 다양한 감정이 뒤섞여 있다.

시기심은 세 단계로 나눌 수 있다. 전기에서는 상대와의 비교 후에 실망한다. 중기에서는 수치와 자괴를 느끼다가 굴욕감으로 번지고 크게 좌절한다. 후기에서는 결과에 불복하고 불만을 느끼기 시작해 상대를 원망하고 적대적으로 행동한다.

태어나면서부터 갖는 외모나 지능뿐만 아니라 명예, 지위, 성공, 재산, 명망 등 사회적 평가와 관련된 요인들 모두 질투의 대상이 된다.

시기심이 강한 사람은 곧 터질지도 모르는 폭탄과도 같다. 다른 사람의 장점을 보고 인정해 주고 감탄하기보다는 부정적인 감정에 사로 잡혀 트집을 잡아 공격하고 싶어 한다.

쉽게 시기하는 사람, 쉽게 질투하는 사람

시기심은 어떻게 형성될까? 사람들은 누구나 질투한다. 강약의 정도가 다를 뿐이다. 정신분석 이론에 따르면 시기심이 강한 사람은 대체로 어린 시절 어머니 또는 부모와의 관계가 나쁘다고 한다.

아기였을 때 자기 뜻대로 무엇이든 이뤄진다고 믿는 전능감이 충족되지 않았을 경우, 어린 시절 부모의 사랑과 돌봄이 부족해 유대 관계가 잘 형성되지 않았을 경우, 무기력함과 두려움이 내재됐을 가능성이 크다.

어른이 된 후 어린 시절과 같은 불쾌한 경험이 반복되지 않도록 일종의 심리적 방어 기제를 만들어 내는데 그것이 바로 질투다.

쉽게 질투하는 사람들은 다른 사람의 장점이나 유리한 점이 자신의 가치를 위협한다는 논리에 사로잡혀 있다. 이런 논리는 유아기에 형성돼 그들이 성장하면서 무의식 속으로 가라앉는다.

시기심은 사실 당사자는 깨닫지 못하는 습관이다. 과거에 시기심으로 이익을 취한 경험이 있다면 이런 논리는 더욱 강화되고, 시기심은 점점 더 강해진다.

쉽게 시기하는 사람은 자신의 가치를 긍정하지 못하기 때문에 심한 열등감에 시달린다. 외부 환경에 따라 자신의 가치가 변한다. 주변 사람들의 눈치를 많이 보고 다른 사람과 비교도 많이 한다.

쉽게 질투하는 사람에게 다른 사람의 장점은 자신의 무능함을 상기시키는 장치다. 이들은 다른 사람의 장점으로 자신을 재단한다. 상대보다 뛰어나지 못한 스스로에게 벌을 주면서 상처받지 않으려고 질투의 대상을 공격하곤 한다. 상대의 장점을 무너뜨려 자신에게 벌 주는 고통을 완화하려는 것이다.

이들은 자신이 무능력하고 가치가 없다고 느끼는 원인을 다른 사람의 장점에서 찾으려 한다. 다른 사람의 뛰어난 점을 깨트리면 자신이 무엇이든 할 수 있을 거라고 생각한다.

질투하는 사람과 잘 지내는 비결

어떻게 질투하는 사람과 잘 지낼 수 있을까?

먼저, 질투심 강한 사람을 가려 낼 줄 알아야 한다. 질투심이 강한 사람은 보통 마음이 좁고 말에 가시가 돋친 경우가 많다. 뒤에서 다른 사람의 장점을 헐뜯기도 한다. 이런 사람을 만나면 적당한 거리를 유지하길 권한다.

특히 이들 앞에서 자신의 장점을 자랑하거나 내보여서는 안 된다. 최대한 겸손한 태도를 유지해 화를 입지 않도록 주의해야 한다. 더 쉬운 방법은 자신의 단점을 많이 드러내는 것이다. 이들이 안심하고 마음의 균형을 유지할 수 있도록 말이다. 가장 좋은 방법은 거리를 두고 깊이 사귀지 않는 것이다.

그다음, 당신의 장점이 드러나 질투심 강한 사람의 눈 밖에 났다 해도 너무 두려워할 필요 없다. 쉽게 질투하는 사람은 당신의 마음을 아프게 하는 말들을 하고 어떻게든 당신에게 시비를 걸어 공격해 올 테지만, 당신이 상처받고 실패하길 바라기 때문에 이렇게 행동한다는 걸 알면 된다.

이들은 이를 통해 자신이 가치가 없다는 느낌을 해소하려 한다. 이때 당신은 냉정하고 침착해야 한다. 당신이 침착할수록 이들은 당황스러울 테고 당신을 어찌하지 못할 것이다. 당신이 아무런 타격도 받지 않으면 오히려 이들은 경외심을 가지고 돌아서 자신의 가치를 의심하게 될 것이다.

옛말에 '질투당하지 않는 인재는 없다'라고 했다. 누군가 당신을 질투한다는 건 당신이 뛰어나다는 징표다.

조금만 바꿔 생각해 보면, 당신에 대한 질투는 당신을 향한 최고의 칭찬일 수 있는 것이다. 물론 모두가 질투하는 사람의 진실한 마음을 헤아릴 수 있는 건 아니다.

쉽게 질투하는 사람의 공격을 받으면, 어떤 사람은 바로 치명상을 입고 이들의 뜻대로 피해자가 돼 버린다. '너는 어떤 점이 별로야', '너는 어디가 부족해'라고 이들이 신호를 보내면, 마음이 튼튼하지 못한 사람은 자신을 의심하고 자신감을 잃어 버린다.

이들은 여기서 큰 쾌감을 느낀다. 원하는 바를 이뤘기 때문이다. 당신 역시 '그저 그런 사람'이라는 사실을 확인한 것이다. 이때 당신의 두려움과 변명은 모두 이들의 덫에 걸렸다는 사실을 증명한다.

마음이 튼튼한 사람은 우비에 묻은 빗방울을 털어 버리듯 이들이 보낸 폄하의 신호들을 여유롭게 피하고 절대 스스로 구정물에 발을 담그지 않는다. 뚜렷하고 안정적으로 자신의 가치를 인식하는 태도를 우비 삼아 폭우로부터 자신을 보호한다.

마지막으로 '상대의 창으로 상대의 방패를 찌르는 것'이다.

질투심이 강한 사람은 자신의 공격적인 감정을 감출 줄 모른다. 때문에 남에게 상처 주는 데 실패하거나 자신이 비웃음을 당하면 공격의 화살을 바로 자신에게로 돌린다. 이로 인해 더 큰 무기력함을 느낀다.

다만 이 방법은 신중하게 사용해야 한다. 설사 억울하게 질투의 대상이 돼 모함을 받았더라도, 정말 참을 수 없는 일이 아니라면 상대를 절벽 끝까지 밀고 갈 필요는 없다.

질투하는 이들은 자신이 이런 마음 때문에 얼마나 많은 문제가 일어나는지 잘 인식하지 못한다. 이들 중 대부분은 어쩌다 보니 '질투'라는 나쁜 습관의 노예가 됐을 뿐이다.

이제 질투하는 사람의 심리 기제를 이해했으니 이런 사람을 만났을 때 전보다 여유롭고 자비로운 마음으로 대하면 더 좋을 것이다. 이들이 질투하는 이유를 알았으니 이제는 휘둘리기보다 자비를 베푸는 자리에 설 수 있지 않을까?

인간관계에
의연해지는 법

모두 알다시피 인간관계는 단순하지 않다. 사람들은 자기 생각과 감정을 다른 사람에게 투사한다. 인간관계라는 무대에 올라 저마다 다른 대본을 읊고 삶이라는 공동의 공연을 만들어 나간다. 그렇기에 이 공연은 매번 사랑과 미움, 희로애락으로 가득하다.

인간관계에서 어떤 사람이 가장 쉽게 상처받고 짓밟힐까? 인간의 본성과 자신에 대한 이해가 없는 사람이다. 이런 사람은 인간관계에서 일어나는 싸움에서 불리한 위치에 놓인 채 어리둥절하다가 '의문의 1패'를 당한다.

갓 입사한 젊은 세대는 상대적으로 세상 물정에 어둡고 인간관계에 대해 깊게 고민해 본 일이 많지 않을 뿐만 아니라 자신에 대해서도 잘 모른다. 다른 사람의 말을 쉽게 믿고 잘 세뇌당한다.

물론 시간이 흐르고 경험이 많아지면 점차 성숙해지고 안정적인 자기 정체성을 형성할 수 있다. 대개 사람들은 자기에 대한 험담을 듣거나 상처를 받은 후 교훈을 얻고 이를 토대로 성장을 도모해 나간다.

사회화는 모든 사람이 겪어야 하는 과정이다. 하지만 이때 자신의 자아 정체성을 형성하지 못한 사람은 인간관계에서 어려움을 겪는다.

어떤 사람은 자신에 대한 외부의 평가에 지나치게 신경 써 누군가 자신의 자아 정체성을 훼손하려 하면 공격을 피하려고 습관적으로 도망친다. 사실 그들은 자신의 약한 모습을 똑바로 마주할 용기가 없는 것이다.

인간관계에서 생기는 모든 갈등은 자기 자신을 비추는 거울이다.

사람들이 자신을 두고 이러쿵저러쿵 이야기하는 게 두렵고 화가 나는 이유는 여러 가지다. 마음속에 걱정과 불안이 가득하기 때문이고, 다른 사람이 자신을 나쁘게 평가하거나 얕잡아 볼까 봐 두렵기 때문이다. 또 스스로에 대한 확신이 없기 때문에 다른 사람의 입을 막으려고 열을 올린다.

마음이 강한 사람인지 아닌지는 사람들에게 상처받았을 때 어떤 모습을 보이는지로 확인할 수 있다.

단단한 마음을 가졌다는 것

대학 시절 반에서 가장 예쁜 여학생은 내가 가장 본받고 싶은 사람이었다. 그녀는 4년 동안 기숙사 룸메이트로부터 괴롭힘을 당했지만, 한 번도 분노를 드러내지 않았다. 룸메이트는 그녀를 늘 질투하고, 모함하고, 각종 루머를 퍼트리는 등 시도 때도 없이 그녀에게 시비를 걸었지만, 둘 사이는 갈등 한 번 없이 평온했다.

그녀를 보면서 나는 배우 왕페이가 떠올랐다. 왕페이는 외부에서 아무리 공격을 퍼부어도 언제나 '네가 나를 아무리 공격하고 끌어내리려 해도 나는 아무 관심 없어, 조금도 신경 쓰지 않아' 하고 말하듯 아무렇지 않게 행동했다. 두 사람 모두 마음이 단단한 사람이었다.

다른 사람의 투사를 선택할 수는 없다. 유일하게 선택할 수 있는 건 다른 사람이 우리에게 부정적인 투사를 했을 때 나의 반응이다.

어떤 사람들은 겉으로 강인해 보이지만 사실 외부의 관심과 인정을 받기 위한 위장일 뿐이다. 그들은 누가 자신을 치켜세워 주는 건 괜찮지만 억누르는 건 참을 수 없다. 칭찬은 받아도 비방은 참지 못한다.

진정으로 강인한 사람은 외부의 평가에 초연할 뿐만 아니라 자신의 가치 판단에 따라 살아간다.

자신을 위장하거나 남의 관심을 끄는 행동으로 외부 세계의 주목을 받는 사람들은 사실 다른 사람의 투사를 두려워한다. 한편으로 그들은 조직의 규칙을 잘 모르고 사회 경험이 부족하기 때문에 그렇다. 또 한 편으로는 자아 정체성이 단단하지 않기 때문이다.

자아 정체성이 약한 이유는 뭘까? 타인의 평가에 왜 신경 쓸까?

대개 어렸을 때 자신에 대한 부모의 평가에 영향을 받으며 자라고, 이를 바탕으로 자존감을 세워 간다. 성장한 후에는 다른 사람들의 평가에 민감하게 반응하며, 점점 더 많은 사람에게 인정받기 위해 여러 가지 일을 시도한다. 그에 따라 인정받지 못하면 크게 실망한다.

여기서 심각한 문제는 자신에 대한 확신 없이 일을 벌린다는 것이다. 자신이 하는 일이 맞는지 틀린지, 좋은지 나쁜지조차 헷갈려 한다. 이런 확신마저 외부로부터 얻어야 한다.

수많은 사람이 자신의 부족함과 단점을 마주하기 어려워하지만, 의식적으로 다른 사람을 미워하고 이러쿵저러쿵 말들을 늘어놓는다. 이것이 바로 인간관계에서 일어나는 갈등의 시작이다.

온순한 사람은 갈등을 두려워하기 때문에 본인은 외부로 투사하지 않지만, 외부로부터 많은 투사를 받기 때문에 스트레스가 심하다.

위장을 잘하는 사람은 상대적으로 더 위험하다. 겉으로 드러나는 공격은 반격이라도 할 수 있지만, 앞뒤 모습이 다른 사람의 공격에는 속수무책으로 당할 수 있다. 또 꽤 많은 사람이 인간관계를 열심히 연구한 뒤 그걸로 사람들 사이를 이간질하기도 한다. 이들은 자신의 이익을 위해 다른 이들을 통제하려 한다.

자아 정체성이 약한 사람의 대처법

자아 정체성이 약한 사람은 인간관계로부터 파생되는 여러 상처에 어떻게 대처해야 할까?

(1) 적대감 없이 결연한 태도로 임하자

대범하고 당당하게 자신의 태도와 입장을 밝히자. 다른 사람의 감정에 영향을 받았든, 다른 사람 때문에 부정적인 감정이 생겼든, 모두 당신의 자아 정체성이 약하다는 뜻이다. 자아 정체성을 강화해야 한다.

적대감 없이 결연한 태도는 다른 사람의 투사를 수용하지 않을 뿐만 아니라 타인의 공격에도 분노하지 않고 맞설 수 있도록 돕는다.

(2) 개인의 경계를 뚜렷하게 세우자

다른 사람이 당신에게 어떻게 행동하든, 그건 당신이 허용했기 때문에 가능한 일이다. 때문에 다른 사람이 당신의 경계를 넘으려고 할 때 당신은 자신의 경계를 인식하고 방어할 수 있어야 한다. 그래야 당신의 이익을 침해하는 사람에게 '아니'라고 말할 수 있다.

(3) 그 누구도 얕보지 않도록 하자

사람들은 자신보다 약해 보이는 사람을 무시한다. 하지만 이는 가장 경계해야 하는 태도다.

사람이 느끼는 욕망은 대개 비슷하다. 이 욕망은 정상적인 경로로 표현되지 못할 때 위장을 통해 그 모습을 드러낸다. 사람들 사이에서 갈등이 일어나는 이유다. 이때 뒤에서 공격하는 사람들은 대체로 열세에 처한 사람들이다.

이 모든 사실을 알았으니 '네가 나를 아무리 공격하고 끌어내리려 해도 나는 아무 관심 없어, 조금도 신경 쓰지 않아'와 같은 태도로 살아갈 수 있길, 하루 빨리 그 경지에 도달할 수 있길 바란다.

약자에게 강하고
강자에게 약한 심리

약자에게 강하고 강자에게 약한 사람을 한 번쯤 만나 봤을 것이다. 이들은 두 얼굴을 지녔다. 자기보다 강한 상대를 만나면 적극적이고 친절한 태도로 상대의 환심을 사려 노력하지만, 자신보다 약한 사람을 만나면 금세 강한 사람으로 돌변해 상대를 무시하거나 이용하려 든다.

이런 사람의 특징은 상대의 경계를 자주 시험한다는 것이다. 자기가 괴롭혀도 상대가 가만히 있는지 확인해 보고, 상대에게 '약자'라는 꼬리표를 붙이려 한다. 마치 상대가 약자가 아니면 자신이 견딜 수 없다는 듯 상대의 약함을 악착같이 증명하려 한다.

이들의 마음속에는 약자에게 강하고 강자에게 약한 심리와 세상이 불공평하다고 느끼는 마음이 공존한다. 약자에게 강하고 강자에게 약한 건 사회적 가치관이 내재화된 결과다. 이들은 폭력을 사회의 규칙으로 받아들이기 때문에 사랑과 따뜻함이 부족하다. 또 이들의 마음속은 굴욕감이 가득하다. 그 결과 이 부정적인 에너지를 해소하기 위해, 마음의 균형을 되찾기 위해 남을 괴롭힌다.

약자인 사람만 다른 사람을 괴롭힌다. 그것만이 '나는 강하다'라는 느낌을 가질 수 있는 유일한 방법이기 때문이다.

강자에게 약하고 약자에게 강한 건 자존감이 낮다는 뜻이다. 어떤 사람이 자신의 자존감을 보호하지 못한 상태로 사랑과 선의를 유지할 수 없고 정상적인 방식으로 이익을 얻을 수 없다면, 약자를 괴롭히는 행동으로 만족감을 얻으려 할 것이다. 또는 강자에게 빌붙어 행동대장을 자처하고 나서 자신의 인격을 팔아 이익을 추구하려 할 것이다.

이는 마치 고대 노예와 같다. 고대 노예는 독립된 인격을 가지지 못해 주인에게 의지한 채 살아가며 주인의 환심을 얻고자 애썼다. 주인을 대신해 생명을 바치는 것으로 생존을 도모했으며, 주인의 칭찬을 영예로 생각했다.

존엄이라는 가치를 모를수록 더욱 뛰어난 노예였다. 가장 뛰어난 노예일수록 주인의 마음을 알려고 노력할 뿐만 아니라 '줄' 또한 잘 섰다. 이들은 어느 주인의 세력이 강한지 관찰하고 파악하는 일로 자신의 앞날을 도모했다.

강자 앞에서 굴복하지 않으려면

심리학에서 강자에게 약하고 약자에게 강한 사람은, 자기 자신을 사랑할 줄 모르기 때문에 비겁하고 뒤틀린 마음을 갖게 된다고 본다.

이들은 강한 사람 앞에서 지나치게 자신을 억압하고 굴복시킨다. 심지어 아첨하고 환심을 사려고 강한 사람이 자신의 경계를 침범하는 걸 허용하고, 자신의 자존심을 깎아먹는 방식으로 강한 사람과 상호작용한다. 이런 관계에서 이들은 영락없는 약자다.

이렇듯 약자로 살아가는 일은 유쾌하지 않기 때문에 자기보다 약한 사람을 찾아 자신의 부정적인 에너지를 해소하려 한다. 이들은 한바탕 사람들을 평가한 후 자신보다 약하고 반항하지 않을 것 같은 사람을 골라낸다.

그리고 골라낸 사람들과 상호작용할 때 자신이 강자와의 관계에서 자처했던 약자의 역할을 그들에게 부여하려 한다. 즉, 자신이 강자 역할을 하고, 선택된 사람은 약자 역할을 해야 하는 것이다.

약자를 괴롭히는 행위는, 강자에게 짓밟히고 억눌렸던 자존심을 회복하려는 시도에서 비롯된다. 이런 시도가 성공하기만 하면 이들의 마음속은 남을 정복했다는 쾌감이 일어나고, 스스로 강하다고 생각한다.

강자에게 약하고 약자에게 강한 사람 모두 의존적인 성격을 지녔다. 어느 조직에서든 그들은 재빨리 사람들을 훑어 보고 자신보다 강한 사람과 약한 사람으로 사람을 구분한다. 누구에게 잘 보여야 하는지, 누구를 괴롭혀도 되는지 속속들이 파악한다.

강자에게 빌붙어 이득을 취하는 데 익숙하기 때문에 이들에게 가장 적합한 생존 방식은 이 사람 저 사람을 한데 끌어모아 패거리를 만드는 것이다.

사람들에게 끊임없이 괴롭힘을 당하는 내담자가 있었다. 그는 괴롭힘을 당하며 쌓인 자기 안의 부정적인 에너지를 해소할 적당한 방법을 찾지 못해 스스로를 공격하며 고통에 시달리고 있었다.

이 같은 문제를 가진 내담자들은 대체로 어릴 때 부모로부터 무의식적으로 괴롭힘을 당한 경험이 있다. 이들의 부모는 사회생활을 하며 남의 환심을 사려는 경향이 강했고 집에서는 폭력적으로 행동하며 부정적인 감정들을 가족들에게 쏟아부었다.

이처럼 좋지 못한 가정 내의 상호작용은 아이의 자존감을 무너뜨린다. 자신의 가치를 낮게 평가하고, 부모의 처세술을 배우게 된다. 이 때문에 아이는 성장 후 외부 세계와의 상호작용에서 뚜렷한 개인의 경계 의식을 갖지 못하고, 이를 자각하지 못해 쉽게 괴롭힘을 당한다. 이는 많은 심리적 문제를 야기한다.

강자에게는 약하고 약한 자에게는 강한 사람이든, 괴롭힘을 당하는 사람이든 모두 두려움을 느낀다. 이 두려움은 자신의 가치에 대한 평가가 너무 낮아서 일어난다. 이들은 자신을 믿지 못하고 쉽게 포기한다. 외부 세계에 촉각을 곤두세우고 적응하려 아등바등한다.

안전을 위해, 생존을 위해 두려움이라는 공을 여기저기 던진다. 그러다 성공한 일부는 자신의 짐을 떠넘길 사람을 찾아내는데, 이들이 강자에게 약하고 약자에게 강한 사람이 된다. 또 일부는 자신의 공은 던지지 못하고 남의 공을 받아들여 자신을 고통 속으로 몰아넣는다.

가장 중요한 건 다른 이가 던진 공을 넘겨받지 않고, 비굴하지도 거만하지도 않게 행동하는 것이다. 누군가 당신에게 약자라는 신호를 보내도 자신에 대해 의심하지 말고 움츠리지 말자. 이것이 바로 비굴하지 않은 행동이다. 누군가 당신에게 강자라는 신호를 보내도 다른 사람의 경계를 침범하지 않고 남보다 자신을 한 수 위라고 여기지 않는 태도가 거만하지 않은 행동이다.

비굴하지도, 거만하지도 않을 때 성숙한 인간관계를 맺을 수 있다.

가장 우선 되어야 할 나를 사랑하는 일

마음속 두려움을 이겨 내는 데 자신에 대한 사랑만큼 효과적인 약은 없다. 대개 사람은 자존심이 있어야 한다고 말하는데 자기에 대한 사랑을 자존심 앞에 둬야 한다. 자신을 사랑할 줄 모르는 사람은 자존심이 부족하기 쉽다.

자신을 사랑하는 건 자신을 아껴 주는 것이다. 무슨 일이 일어나도 나는 사랑받을 자격이 있고, 가치 있다는 사실을 긍정하는 것이다. 나의 가치는 외부의 변화를 따라 변하지 않는다는 사실을 깨닫는 것이다. 자신을 사랑할 줄 모르는 사람은 진정한 사랑의 의미를 알지 못하고, 다른 이를 사랑할 줄도 모른다.

또 자신을 책임지는 것이다. 책임감은 자신의 능력을 최대한으로 끌어올릴 수 있도록 만드는 일종의 힘이다. 강자에게 약하고 약자에게 강한 사람은, 자신에 대한 사랑이 부족한 경우가 많고 자신을 책임질 줄도 모른다. 두려움을 떨쳐 낼 힘이 부족하기 때문에 비상식적이고 뒤틀린 방식으로 다른 사람의 힘을 훔쳐 올 수밖에 없다. 하지만 이런 힘은 번번이 시험을 이겨 내지 못한다.

강자에게 약하고 약자에게 강한 사람을 대하는 가장 좋은 방법은 저주지 않고 그보다 더 강하다는 점을 보여 주는 것이다. 그보다 더 강한 모습을 보여 주면 바로 수그러진다. 그가 가진 힘은 가짜고 그의 강인한 자아 역시 일종의 허상이기 때문이다. 허상 뒤에 그의 약하고 두려움에 가득 찬 진실한 자아가 숨어 있다.

괴롭힘을 당한다면 자신을 돌이켜 보자. 혹시 내가 나를 얕잡아 보고 낮춰 보지 않았는지 말이다. 보통 이런 경향이 마음에 공포를 불러일으키는데, 이 공포야말로 진정한 적이다.

약자에게 강한 사람들은 자주 당신의 경계를 넘으려 시도하며 당신의 최대 한계가 어딘지 시험하려 할 것이다. 기회다 싶으면 그들은 거침없이 밀고 들어와 당신을 끝없이 괴롭힐 것이다.

최대 한계와 원칙이 있는 사람이 되자. 마음속 공포에 휘둘리지 말자. 강자에게 약하고 약자에게 강한 사람들이 당신을 시험해도, 당신이 강인한 사람임을, 쉽게 흔들리지 않는다는 사실을 깨달으면 순순히 물러갈 것이다.

인증받기 위한
일들에서 벗어나라

친구를 따라 열심히 건강을 관리한 적이 있었다. 아침에 일어나 30분 조깅하고, 저녁 식사 후 체육관에서 1시간 운동하는 스케줄이었다.

하지만 운동한 지 일주일 만에 그만두기로 했다. 의지가 약한 것보다 신체가 무기력한 상태에 빠져든 탓이 컸다. 계획대로 운동하려고 할 때마다 신체에서 격렬한 반항이 일어나는 것 같았다.

운동을 싫어하지 않지만 계획을 짜 운동을 하기만 하면 내 몸이 받아들이지 못했다. 결국 일주일 만에 내 몸은 파업을 선언했다.

곰곰이 생각해 보니, 문제는 '계획'이란 두 글자에 있었다. 운동을 싫어하는 게 아닌 이상 내킬 때 운동하면 되지, 왜 꼭 '아침 조깅 30분', '저녁 체육관 1시간' 같은 규칙을 부여해야 할까? 이런 규칙 때문에 운동이 재미없어진 듯했다. 내 몸이 거부한 건 운동 그 자체가 아니라 규칙적인 운동이었다.

자신에게 만들어 주는 규칙과 요구 뒤에는 '그렇게 하지 않으면 안 돼'라는 의식이 존재한다. 왜 '그렇게 하지 않으면 안 돼'라고 생각할까? 그 일을 하지 않으면 어떻게 될까? 대체 무엇을 두려워하는 걸까?

살다 보면 마주치는 크고 작은 일에 대해 많은 사람이 '그렇게 하지 않으면 안 돼'라고 생각한다. 늘 자신에게 무언가를 강요한다. 직장, 연애, 결혼부터 일상까지 엄격하고 명확한 기준으로 규칙을 세워 자신에게 요구하는 데 익숙하다.

나의 한 동료는 해마다 여행을 몇 번 가야 한다는 규칙을 세웠다. 그는 항상 '그렇게 하지 않으면 안 돼'라는 말을 입에 달고 살았다. 그런 그를 보면서 나는 대체 그가 여행이 좋아서 가는 건지, '그렇게 하지 않으면 안 돼'라는 마음을 달래기 위해 가는 건지 헷갈릴 지경이었다.

여행이란 자신을 내려놓고 휴식을 취하기 위한 것인데, 많은 사람이 행복한 척 가장하기 위해 여행을 떠난다. 나는 이렇듯 꾸며 낸 즐거움을 '여행 표정'이라고 부른다.

여행 자체가 싫은 사람에게 장거리 여행은 고역이지만, '여기 왔다 간다'의 감동과 즐거움을 느껴 보겠다고 피곤함에도 장거리 여행을 떠난다. 마치 꼭 완성해야 할 임무를 완수하러 떠나는 것처럼 말이다.

'그렇게 하지 않으면 안 돼'의 사고방식은 그렇게 하지 않으면 불합격이라는 의미 같다. 그 결과, 해야 한다는 당위성 때문에 그 일을 하면서 얻을 수 있는 즐거움조차 누리지 못한다.

인증하는 일이 목적이 된 삶

오늘날 모든 사람의 행동은 표준화된 것 같다. 모두 아주 정확한 기준점에 놓여 있다. 수많은 글에서 온갖 주장이 쏟아지지만, 감정에 대해 이야기하는 사람은 찾기 어렵다. 자신만의 특별하고 진실한 감정을 느끼지 못할 뿐만 아니라 자기감정을 따라 사는 사람도 없는 것 같다.

모든 감정이 이미 정해져 있는 것만 같다. 또 세상에 수많은 가치와 기준이 있는데, 모든 사람이 숫자로 표시되는 기준점에만 도달하면 다 되는 것처럼 산다.

하루라도 빨리 터키의 파묵칼레에 가서 누워 봐야 하고, 일본에 가서 벚꽃을 봐야 하고, 하루에 만 보씩 걸어야 하고, 하루에 2,000칼로리를 넘지 않는 건강식을 먹되 당근과 브로콜리를 꼭 같이 먹어야 한다. 남자는 초콜릿 복근이 있어야 하고, 여자는 애플 힙이 있어야 한다. 모두 인증하기 위해 살아가는 듯하다.

사실 내가 계획을 가지고 운동하기 싫었던 이유도 인증하기 위한 것처럼 느껴졌기 때문이다. SNS를 보면 늘 무언가를 인증하는 글이 올라

온다. 이로써 '더 나은 자신'이 돼 가는 모습을 자랑스레 내보인다.

삶이 기계 같다고 느껴진다. 숫자와 인증으로 점철된 삶이다. 심리 상담사로서 질서정연하고 지독하게 이성적인 삶이 무엇을 의미하는지 누구보다 잘 알고 있다. 겉으로는 정상적으로 보이지만, 깊이 들여다보면 수많은 이성적인 행동은 비이성적인 삶을 대변하고 있다.

강박증이 있는 사람이 얼마나 될지는 모르지만, '△△를 통제하지 못하는 사람은 삶을 논할 자격이 없다'는 글이 유행하는 이유를 잘 알고 있다. 인증을 목적으로 일할 때 사람들은 본능적으로 불편함을 느끼는데, 그때 저 글이 사람들을 정신적으로 위로해 주고 의지를 새롭게 다져 준 것이다. 본능을 거스르는 일은 집단 최면의 힘을 빌려 완성돼야 하기 때문이다.

자신의 의지만으로 살아가는 삶은 얼마나 처량할까. 빈곤한 상상력으로 피곤하게 살아가는 강박증 환자들을 보라. 그들은 어쩌면 살면서 한 번도 느긋하게 시간을 보낸 적이 없을 것이다.

수많은 사람이 불안에 시달리는 것도 오랫동안 억눌러 온 본능과 감정으로 완수해야 할 임무가 많기 때문은 아닐까? 그들은 의지로 자신을 움직이고 통제해 왔다. 이 같은 강요가 점점 자신을 초조한 상태로 몰고 간 것이다.

진실한 감정의 고리를 이어 나갈 것

'인간은 응당 □□를 해야지'라는 법칙에 사로잡힌 사람들은 자신의 진실한 감정과의 고리가 끊어진 상태로 이성에만 의존해 행동한다. 하지만 이성적 행동에 뒤따르는 건 공허함뿐이다.

지나치게 모든 걸 통제하려 하면 아무것도 제어할 수 없다. 하지만 아무것도 제어하지 못한다는 느낌은 더 많은 것을 강하게 통제한다. 결국 기진맥진 지쳐 나가떨어지고, 마음속에 끊임없이 갈등이 솟아오른다. 끝내 안녕하지 못한 상태에 빠지고 만다. 무슨 수를 써서라도 자기감정을 밖으로 내몰고 싶어도 이 또한 어려운 일이다.

인간이 기계가 아닌 인간인 이유는 아마도 감정을 가진 생물이기 때문일 것이다. 통제의 유령이 우리를 시시각각 따라다닌다 하더라도 어느 순간 마음속에 한 줄기 불안이 스쳐 지나간다. '대체 무엇을 위해 이렇게까지 피곤하게 살아야 하는 거지?'라는 질문이 마음속에 그치지 않기 때문이다.

매사에 의지를 가지고 살아가면 좋다. 하지만 자신을 지나치게 속박하는 통제로부터 벗어나 진실한 감정의 고리를 이어 나가야 한다. 마음이 공허해지지 않으려면 말이다.

'사회적 기준'이라는
인생의 덫

최근 큰일을 겪어 우울에 사로잡혀 지낸다며 방문한 내담자가 있었다. 어렵사리 그가 우울한 상태에서 벗어날 수 있도록 도왔지만, 그는 보름도 지나지 않아 나를 다시 찾아왔다. 그는 여전히 우울하다고 호소하며 밤에 잠도 제대로 자지 못한다고 토로했다. 그는 자기가 당한 일을 생각하면 자꾸 나쁜 생각이 든다고 했다.

그는 마흔이 넘어 이혼했는데, 주변 사람들이 단란하게 가정을 꾸리고 사는 모습을 볼 때 자신이 이혼했다는 사실을 받아들이기 어렵다고 했다. 시간이 흐를수록 그는 점점 우울해졌다.

상담을 하면서 그가 편향된 신념을 가졌다는 사실을 깨달았다. 그는 마흔의 남성은 완벽한 가정을 꾸려 안정적으로 살아야 하고, 또 일정한 자산이 있어야 한다고 굳게 믿고 있었다. 그는 나에게 자주 "다른 사람들은 다 행복한데 왜 저만 불행하죠?"라고 물었다.

상담하러 오는 사람 중에 상당수가 '사회적 기준'을 옹호하고 몸소 실천한다. 그들에게 과거에 단 한 번도 틀린 적 없는 원칙이 있다면, 바로 특정 나이에 이르면 그에 걸맞은 조건을 갖춰야 한다는 것이다. 때문에 그 기준에 도달하지 못하는 자신을 발견하는 순간, 그들은 평정심을 유지할 수 없다.

한 친구는 서른의 미혼 여성이었는데 매일 선을 봤다. 분명 배우자에 대한 명확한 기대와 조건이 있었지만, 늘 조건과 상관없이 상대를 만나러 나가곤 했다. 혼기에 맞춰 결혼하지 않아도 된다는 사실이 보편적 사회 현상임에도 불구하고 매일같이 불평하고 불안해했다.

문제는 각종 '사회적 기준'과 씨름하느라 자신을 부정적인 감정 속으로 밀어 넣는다는 것이었다. 문제를 해결하는 데 아무런 도움이 되지 않는데도 말이다.

친구는 열심히 커리어를 쌓아 자신의 장점을 극대화할 수 있었는데도, 끊임없이 자신을 결핍 상태로 몰아넣다가 무기력해졌을 뿐만 아니라 직장까지 잃고 말았다.

'사회적 기준'에 갇혀 살지 말자

수많은 결핍 상태는 사실 가짜다. '사회적 기준'으로 자신을 재단해 만들어 낸 가짜 결핍이다.

내 친구가 그토록 일에 열정이 없었던 건 '서른 넘은 여자가 결혼을 못한 건 실패한 인생'이라는 기준을 스스로 인정했기 때문이다.

우울한 내담자 역시 '마흔 넘은 남성이라면 단란한 가정을 꾸려 안정적으로 살아야 한다'는 기준을 인정했기 때문에 행복하지 않았다.

'사회적 기준'을 추구하는 태도가 잘못은 아니지만, 탄력적으로 취사선택하지 못할 경우 자신을 옥죄는 족쇄가 될 수 있다. 이 족쇄는 삶을 무미건조하게 만들고 마음에 부정적인 에너지가 쌓이게 한다.

'사회적 기준'에 갇힌 사람은 분명 자기감정을 돌볼 줄 모를 뿐만 아니라 그 자체를 잊어버렸을 가능성이 크다. 자신이 진정으로 원하는 게 무엇인지 모르기 때문에 '사회적 기준'을 좇아 살기 바빴을 것이다. 또 자신이 '기준에 못 미친다'는 사실을 발견할 때마다 스스로 가치 없는 존재라고 생각하며 크게 좌절했을 것이다.

하지만 반대로 '기준에 도달한' 사람은 행복할까? 서른 전에 결혼한 여성은 반드시 행복할까? 마흔에 단란한 가정을 꾸려 안정적으로 살아가는 남성의 삶에는 아무런 문제가 없을까?

'사회적 기준'을 무작정 좇다 보면 기본이 되는 독립적인 사고마저 불

가능하게 된다. '사회적 기준'의 덫에 걸린 사람들은 대체로 이때까지 살아오면서 뚜렷한 자아를 갖지 못했거나 자아 인식이 부족했기 때문에 사회화된 자아가 바로 자신의 전부라고 생각했을 것이다.

사실 사회화된 자아는 대체로 조건화된 자아다. 한 인간의 자아가 완전히 사회화된 자아로만 이뤄져 있다면 어느 단계에 이르러 분명 자신이 무능력하다고 느낄 수밖에 없다. 사회적 기준에 완벽히 부합하는 사람은 세상에 없기 때문이다.

우리를 조종할 수 있는 건 바로 우리 자신의 마음뿐이다. 이 사실을 반드시 알아야 한다. 소위 말하는 '사회적 기준'은 그저 큰소리치는 종이호랑이일 뿐이다. 우리가 두려워하지만 않으면, 신경 쓰지 않고 무시해 버리면 종이호랑이는 영향력 한 번 발휘하지 못하고 사라져 버릴 것이다. 우리를 구원하는 건 우리 자신이다. 그러니 이 사회에 잘 보이기 위해 애쓰는 일로 자신을 고통스럽게 만들지 말자.

나를 지키는
적당히 가까운 관계

성숙한 사람이라면 이 사실을 알아야 한다. 인간관계가 언제나 좋고 단순하고 순수하지만은 않다는 것, 경쟁과 음모같이 부정적인 일로 가득할 때도 있다는 것을 말이다. 따라서 인간관계에서 자신을 보호하는 능력을 기르는 건 무척 중요하다.

한 사람이 사회화된다는 건 바로 외부 세계와 올바르게 상호작용하는 법을 익히는 과정이다. 인간관계에서 자신을 보호하는 능력이 부족하면 쉽게 괴롭힘의 대상이 된다.

인간관계에서 자신을 보호하는 힘은 도대체 어떤 능력일까? 말 그대로 자신이 상처받지 않게 보호하는 능력이다. 심리학적으로 인간관계에서 뚜렷한 자기 경계를 세우는 능력과 관계가 있다.

자아 보호 능력은 마치 인체의 피부처럼 외부의 침입을 방어하고, 상처가 될 만한 일들과 거리를 두도록 한다. 이런 보호막이 없다면 사람은 무엇이 자기 일이고 무엇이 남의 일인지 구분하지 못할 뿐만 아니라, 무엇이 자신의 책임이고 무엇이 남의 책임인지 역시 헷갈리게 된다.

외부 세계가 쥐여 주는 감정에 대한 기본적인 판단도 어렵다면 경계를 쌓는 능력이 부족하다는 뜻이다. 이런 사람은 쉽게 다른 사람에게 끌려다닌다. 자신의 영역에 경계를 그리지 않은 게 근본적인 이유다. 남들이 제멋대로 들어와 자신의 의지대로 살 수 없게 된 것이다.

당신의 영역에 남들이 함부로 들어오는 이유는 당신이 자아가 부족하고 경계가 흐린 사람이라는 점을 간파당했기 때문이다. 다른 이가 하라는 대로 행동하고 남이 규정해 준 대로 살아간다면, 괴롭힘의 대상이 되는 건 어쩌면 당연한 일인지도 모른다.

자아가 없는 사람은 조종당하기 쉽다

왜 개인의 경계를 세우는 일이 어려울까? 일반적으로 마음이 성숙하지 않은 사람은 인간관계에서 경계를 세우는 데 서툴다. 사회와 인간관계에 대한 인식이 부족하고, 경험이 많지 않기에 그렇다.

한 가정에서 부모가 사람들과 어울리는 방식은 고스란히 아이에게 영향을 미친다.

한 사람의 사회와 인간관계에 대한 인식은 대부분 부모로부터 얻은 간접 경험을 기반으로 한다. 그래서 인간관계에 능숙한 부모 밑에서 성장한 자녀는 어릴 때부터 간접적으로 이를 보고 배울 기회가 있는 것이다.

반면 부모 자신이 인간관계의 경험이 부족하면, 아이에게 좋은 모델을 제공해 주지 못할 뿐만 아니라 아이가 사회적 경계를 잘 세울 수 있도록 돕기 어렵다.

부모의 성숙한 마음과 상관없이 아이의 타고난 성향 자체가 사회적 경계를 세우는 능력이 부족할 때도 있다.

성숙한 마음은 단단한 자아 인식을 기본으로 삼는다. 사람들은 자신을 철저히 알아야 하며, 자신이 가진 핵심 능력과 특징이 무엇인지 알아야 한다.

또 마음속에 단단한 '알맹이'를 가지고 있어야 한다. 이렇게 되면 외부 세계에 어떤 변화가 있더라도 마음속 알맹이는 안정적으로 존재할 수 있다.

마음속 알맹이를 우습게 보면 안 된다. 이 알맹이가 있어야 심리 상태가 안정적으로 유지될 수 있고, 외부 세계의 변화를 분석할 때 에너지를 제대로 쏟아부을 수 있다.

또 어떻게 자기감정을 통제하고, 외부 세계의 변화에 대응할지도 가늠할 수 있다. 사람들과 상호작용할 때 자신이 진정으로 원하는 게 무엇인지 알 수 있고, 자신의 한계가 어디까지고 자신의 원칙이 무엇인지 알 수 있다.

마음속 알맹이가 부족하면, 외부 세계에 본능적으로 반응할 수밖에 없고 다른 사람의 동기도 파악하기 어렵다. 그렇기에 다른 사람에 의해 쉽게 조종당하는 것이다.

자아가 없을 때 사람은 안정감이 부족하고 마음이 단단하지 못하다. 때문에 자아가 없는 사람은 쉽게 외부 세계에 조종당한다. 외부 세계에 '나는 불안정하다'라는 신호를 보내고, 불안감을 다스리기 위해 다른 사람의 평가에 지나치게 신경 쓴다.

다른 사람이 자신에게 불만을 느끼지 않게 하려고, 다른 사람에게 나쁜 평가를 받지 않으려고, 시시각각 촉각을 곤두세우고 주변의 환심을 사려고 애쓴다.

불안정한 신호를 내뿜는 사람들이 있다. 안타깝게도 이들은 자신들의 영역을 쉽게 침범당한다. 인간관계에서 부정적인 에너지가 많이 쌓인 사람들이 남을 괴롭히는 방식으로 자신의 부정적인 에너지를 쏟아내고 싶어 하기 때문이다.

성장 과정에서 반복적으로 괴롭힘을 당해 왔다면 자아는 제대로 성장하지 못했을 것이다. 자기 경계가 뚜렷하지 않다 보니, 자아를 인식하는 과정에서 분명 움츠러들었을 것이다. 인간관계를 장악하는 능력 또한 점점 약해졌을 것이다. 심하면 우울증과 자폐증을 앓거나 성격이 괴팍해질 수도 있다.

'마음 성장'이라는 임무

뚜렷한 개인의 경계는 어떻게 세울 수 있을까? 개인의 경계는 어린 시절 어머니와의 관계에 영향을 받는다.

자기애와 자아를 집중 조명하는 자기 심리학에서, 사람은 영유아기에 한 객체를 통해 자신이 누군지 확인한다고 한다. 이 객체는 거울과 같은 존재로서, 영아는 이 거울과의 상호작용을 통해 자아를 확립해 나간다. 어린 시절 거울과 같은 이 객체의 존재가 없었다면, 성장 후에 '나는 대체 누구지', '나는 어떤 사람이지' 등의 질문에 대한 답을 찾기 위해 거울을 찾아다닐 수밖에 없다.

알다시피 어머니는 아이가 보는 최초의 거울이다. 자아 인식이 부족한 어머니라면, 이 거울을 통해 반사된 아이의 형상은 불안정할 수밖에 없고 명확한 개인의 경계를 세우는 데 아이는 어려움을 겪을 것이다.

객체의 존재가 불안정해 거울의 존재가 투명하지 않은 이들의 마음 속에는 대체로 두 가지 목소리가 교차한다. 하나는 어머니의 마음을 내재화한 목소리고, 또 하나는 자신이 느끼는 세계의 목소리다. 두 목소리는 대체로 일치하지 않고 서로 충돌한다.

이들은 어떤 목소리가 자신의 진정한 목소리인지 헷갈려 한다. 그렇기에 개인의 경계는 더욱 혼란스럽고 불분명하다. 자아가 분열돼 있기 때문이다.

거울이 없거나 뚜렷하지 않은 환경에서 자란 아이는, 모두 마음속 알맹이를 잃어버린 상태로 이후 삶의 목표는 알맹이를 찾는 것이다. 때문에 다른 심적 에너지를 키우는 데 신경 쓸 여력이 없다.

사춘기 때 겪는 사회화는 개인의 경계를 세울 수 있는 두 번째 기회다. 이 연령대 청소년이 외부 세계로부터 충분한 자양분을 얻고, 많은 사람에게 받아들여진다면 어린 시절 형성하지 못한 자아 인식을 완성할 수 있다.

사회화는 장기간에 걸쳐 이뤄지고, 한 사람의 마음의 성장과 깊이 연관되어 있다. 그러므로 마음이 성숙하지 못할 경우에도, 사회화를 통해 강제로 '마음 성장'이라는 임무를 완수하게 된다.

아직 뚜렷한 개인의 경계를 세우지 못했다 하더라도 자신의 문제를 인식한 것만으로도 큰 발전이다. 치료는 문제를 깨닫는 것에서부터 시작된다.

문제를 인식한 후에는 전보다 쉽게 해결 방법을 찾을 수 있다. 자신이 지나치게 외부 세계의 평가에 의지하는 이유를 인지하면, 개선하기 위해 노력하게 되고 외부 자극에 영향을 받는 일도 줄어든다.

사물을 대하고 처리하는 방식은 사람마다 다르다. 다른 사람이 당신을 이해하는 건 불가능하다. 반대의 경우도 마찬가지다. 또 당신에 대한 평가 역시 대부분 정확하지 않다. 그러니 타인의 평가에 목매며 살아갈 이유가 없다.

다른 사람의 의견을 들어보고 알아보는 것으로 충분하다. 일이 어떻게 돌아가는지는 자신이 분석하고 판단해야 한다. 자신에 대한 책임은 자기가 져야 한다.

나와 남을 구분할 줄 알고 각자 자기의 삶을 잘 영위하면 된다는 사실을 깨달으면, 개인의 경계 문제는 저절로 해결되게 돼 있다.

어떤 일이 있더라도 자신을 찾는 일이 선행돼야 한다. 내 자신은 나만이 정확하게 알 수 있다. 나의 부모, 배우자 모두 나보다 나를 더 잘 알 수 없다.

다른 이의 목소리가 아닌 나 자신의 마음의 소리를 받아들여야 한다. 나를 존중하고, 자신의 권리를 보호해야 한다. 자신의 권리를 다른 사람 손에 쥐여 주거나 다른 사람이 나를 책임져 주길 기대하면 안 된다.

이 세상에 나를 대신해 책임져 줄 사람은 아무도 없다. 다른 사람을 의지하고 싶은 환상을 버리자. 이는 자신을 무시하는 처사다.

사실 의지하고 싶은 사람들 역시 자신의 문제를 해결하지 못해 힘겨워한다. 그런 그들이 어떻게 다른 사람의 문제를 해결해 주겠는가? 또 어떻게 누군가의 인생을 책임져 주겠는가?

인생의 '수호천사'를 찾아 떠돌지 말고 나 자신을 책임지는 법을 배우자. 외부 환경이 어떻든 제일 잘 보여야 할 사람은 바로 나 자신이다.

4장

상처받은 내면의 나를
마주할 용기

물러서지 않는 마음

내 생각이
모두 맞다는 착각

"그 사람은 도대체 왜 그렇게 행동할까요?"

"그 사람은 왜 그래도 괜찮다고 생각할까요?"

이렇게 말하는 내담자들이 있다. 자신의 문제를 상담하러 와 다른 사람의 문제만 얘기하는 것이다. 문제를 모두 남 탓으로 돌린 후 다른 사람의 문제를 내가 해결해 주길 바란다.

"제 직장 상사는 위선적이에요. 얼굴만 봐도 화가 난다니까요."

"우리 아이는 왜 게임만 할까요? 어떻게 하면 공부에 관심을 가질까요?"

"우리 아이는 늦게까지 잠들지 않아요. 어떻게 해야 일찍 자고 일찍 일어날 수 있을까요?"

"제 친구는 자기애가 너무 강해요. 어떻게 하면 고쳐질까요?"

위의 문제들은 사실 두 마디로 요약할 수 있다.

"그 사람은 왜 제 상상과 다를까요?"

"어떻게 해야 그 사람이 제 말을 들을까요?"

다른 사람의 진실한 모습을 받아들이지 않으면 사람의 사유는 '마땅히'의 세계로 진입한다.

'☆☆이라면 이렇게 해야지, 그렇게 하면 안 돼', '이 일은 이렇게 해야지, 그러면 안 돼' 하고 생각한다.

'직장 상사는 위선적이면 안 된다.'

'아이는 공부를 열심히 해야 하고, 일찍 자야 한다.'

'자기애가 강해면 안 된다.'

실제로 상사든 아이든 친구든, 그들의 상상처럼 마땅히 해야 할 일들을 하지 않았기 때문에 화가 나고 불안한 것이다. "어떻게 그럴 수 있죠?" 하고 소리라도 지르고 싶을 것이다.

이런 분노는 우리의 에너지를 크게 소모시킨다. 이로 인해 제대로 먹지도 못하고 자지도 못한 채 우울한 상태에 빠져 버린다. 세상 전체가 당신에게 등을 돌린 것 같고, 모든 것이 서럽고 무기력하다.

하지만 다른 사람이 어떻게 행동하든 그건 그 사람의 자유다. 여기에 무슨 문제가 있을까? 그 사람이 잘못했을까? 진정한 문제는 '왜 당신은 그가 진정한 자신이 되는 걸 용납하지 못하는가?'에 있다.

상대의 진실한 모습이 당신의 자존감을 건드렸고, 그들에 대한 당신의 기대와 믿음, 환상을 깨트렸다. 이런 충격은 보통 사람에게는 그저 '환상이 깨졌어' 하고 지나갈 일이지만, 마음이 여린 당신에게는 죽음 못지않은 의미로 다가갔을 것이다.

당신은 남에 대한 기대와 믿음, 환상을 움켜 쥐고 놓지 않음으로써 연약한 자존감을 지키려고 한다. 모든 것이 당신이 바라는 대로 되길 바라는 것이다. 그리고 바라는 대로 되지 않으면 눈 가리고 아옹 하듯 진실을 회피해 버린다.

현실을 마주할 용기가 없기 때문이다

많은 사람이 관계를 정리하지 못하고 상대 때문에 자신이 얼마나 실망했는지 하소연하는 이유는 현실을 마주할 용기가 없기 때문이다. 남은 남이고, 나는 나라는 현실을 말이다.

환상이 깨진다는 건 관계의 분리를 의미한다. 마치 어둠 속을 혼자 걸어가도록 등 떠밀린 듯 스스로 수많은 일을 해결해야 한다. 이는 불편하고 낯선 상황을 의미하고 도전과 책임을 뜻하며 최초의 분리를 나타내기도 한다. 당사자는 어떤 마음의 준비도 돼 있지 않기 때문에 사람들로부터 강제로 떨어지는 걸 고통스러워한다.

주위 사람들의 격려와 지지 없이는 많은 사람이 분리라는 임무를 끝내기 어렵다. 그렇기에 다른 사람을 움켜 쥐고 놓지 못한다. 이 역시 매우 견디기 어려운 일이다.

이 세상에 태어난 후 처음에는 심리적으로 남과 공생하며 살아간다. 이 '남'은 보통 어머니를 뜻한다. 이때 어머니는 우리에게 세상 전체와 같은 존재다.

성장하면서 내 생각과 현실 세계 사이에는 간극이 있다는 사실을 깨닫게 된다. 나아가 여러 기능이 발달하면서 자기 의지에 따라 어머니의 품을 떠나 세상을 탐험하고, 독립성을 획득하려 한다.

하지만 독립성은 공생 관계에 있는 어머니에게 상처가 될 수 있다. 이 때문에 어머니는 아이가 독립하려는 욕구를 받아들여 주지 않는다. 아이는 강제로 어머니와의 공생 관계로 되돌아가고, 분리의 임무를 완수할 수 없게 된다.

아이가 자신의 상상 속의 모습이 돼 주길 바라는 어머니들이 있다. 이들은 자녀에게 선망하는 아이와 같은 모습으로 자라 주길 요구한다. 그렇게 아래 성장한 아이는 어른이 된 후 진실한 외부 세계와 타인을 받아들이지 못하게 된다. 뒤얽힌 관계에서 벗어나지 못하는 이유다.

관계가 어려운 이유는 다른 사람에게 자신의 일부를 묶어 뒀기 때문이다. 그래서 상대가 자신의 요구대로 움직이지 않으면, 자아는 충격을 받고 부서지는 것이다.

자아를 잃어 가는 과정에서 근본적인 몇 가지 질문을 마주하게 된다. '나는 누구지? 나는 어디서 왔지? 그리고 나는 어디로 가야 하지?'

타인의 진실을 거부하는 사람

자신을 마주하길 거부하면, 다른 사람과 마주하게 된다. 그 결과 매번 다른 사람에게 이런저런 문제가 있다며 불평하고, 상대를 바꿔 놓거나 통제하고 싶어 한다. 상대가 '내 뜻대로' 움직이는 사람이면 좋겠다고 생각하는 것이다.

이런 사람들은 자기 생각은 모두 맞고, 자신의 관점은 우주의 진리라고 여긴다. 이들의 자아는 굳어 있고, 편향돼 있다. 누가 자기 신념을 의심하면 그 사람에게 문제가 있다고 생각해 버린다.

남을 비난하기는 쉽지만 자신을 마주하기는 어렵다. 자신을 마주한다는 건 자신의 트라우마와 나약함을 마주하는 일이기 때문이다.

타인의 진실한 모습을 거부하는 사람은 진실한 자신도 받아들이지 못한다. 사람들이 우호적으로 반응하지 않으면, 자신이 부족한 사람이라고 느낀다. 때문에 타인의 비우호적인 행동을 수용하지 못하고 반격하는 것이다.

상사가 위선적으로 굴 때 당신은 어떻게 해야 상처받지 않을까?

공부를 잘 못하는 아이는 부족한 존재일까? 아이에게 다른 장점은 없을까? 아직 공부에 흥미를 붙이지 못했을 수 있다. 어떻게 하면 공부에 흥미를 느낄 수 있도록 당신이 도울 수 있을까?

자기애가 강하고 허풍을 잘 떠는 친구가 혹시 당신에게 피해를 주는가? 당신에게 어떤 영향을 끼치는가? 친구 사이에 어떻게 행동해야 당신이 괴롭지 않을까?

다른 사람에게 이것저것 요구하기보다는, 자신을 마주하고 자신이 무엇을 할 수 있는지 고민하는 게 낫다. 이는 문제를 해결하고 적응하는 능력을 키워 준다.

굳어 버린 자아의 중심에서 걸어 나오면 자신의 강한 힘을 느낄 수 있을 것이다. 물론 이 과정은 고생스럽지만 사람들과 뒤엉켜 내적 에너지를 소모하는 것에 비하면 이 정도 고생은 아무것도 아니다.

닫힌 마음과 열린 마음

외부 세계와 상호작용하며 당신은 분명 여러 번 시험대에 오를 것이다. 이때 열린 마음을 갖는 게 중요하다.

열린 마음이란 열린 자아를 유지하는 것이다. 심리학 전문 용어로 '성장형 자아'라고 한다. 자신을 낮추고 겸손한 태도로 마음이 성장하고 깨어 있도록 하는 것이다. '지금 이 상황이 진짜로 뭘 의미하는 걸까? 나는 어떻게 해야 할까?'와 같은 질문을 게을리하지 않는 것이다.

자아가 경직된 상태라면 열린 마음을 가질 수 없다. 'ㅇㅇ는 왜 그럴까?', 'ㅇㅇ가 그렇게 행동하면 안 되는데' 같은 갈등에서 빠져나올 수도 없다. 경직된 자아는 여전히 어머니에게 의존하는 영유아기 상태이기 때문이다.

성장형 자아는 끊임없이 변화하는 외부 세계라는 현실을 똑바로 응시한다. 외부 세계는 통제하기 어렵다. 의지할 수 있는 건 나 자신뿐이다. 외부 세계가 뜻대로 변하지 않아도 대응할 능력이 있다.

외부 세계의 변화에 따라 유동적으로 대처하는 사람이 있다. 외부 세계가 어떻게 변하든 변화에 잘 적응하는 데 어려움이 없다. 이들의 마음은 아주 튼튼하다. 이들의 변화는 외부에 대한 대응일 뿐 마음은 단단하고 안정적이다. 안정적인 마음의 알맹이는 현실 문제를 잘 해결해 온 자신감을 뿌리로 삼는다.

불교 교리에 따르면 수행의 최고 경지는 무상의 세계에 오르는 것이다. 무상이란 곧 자아가 없다는 뜻이다. 무상의 경지에 오르면 그 어떤 일도 나를 자극하지 못한다. 이때의 자아는 우주와 하나가 된 상태로 좋고 나쁨도, 맞고 그름도, 얻고 잃음도 존재하지 않는다.

마치 《금강경》에서 "모든 인연에 따라 생겨난 세상의 도리는, 꿈이요 환상이요 거품이요 그림자요, 이슬과 같고 또한 번개와도 같으니, 응당 이와 같이 볼지어다"라고 이르듯 말이다.

심리학 대가 융은 "바깥을 보는 자는 꿈을 꾸는 것이고, 내면을 보는 사람이야말로 깨어 있는 자다"라고 말했다. 어쩌면 인생은 무상한 것으로, 분리는 한평생 걸쳐 이뤄져야 할 숙제일지 모른다. 즉, 자아가 영원히 함께 묶여 있을 외부의 무언가를 찾는 건 불가능하다는 의미다.

연애를 하며 한 사람을 얻는 것도 분리고, 이별을 하며 한 사람과 헤어지는 것 역시 분리다. 당신이 실망할 수 있는 상대의 진실한 모습을 어쩔 수 없이 마주해야 하기 때문이다. 결국 자신을 마주해야 하는 일이다. 나아가 당신은 '나는 누구인가'라는 질문에 대답해야 한다.

성숙해진다는 건 의지할 어머니를 찾지 않는다는 뜻이기도 하다. 하지만 의지할 대상이 없더라도 당신은 어머니가 지녔던 많은 자질을 이미 갖췄다. 또 수많은 환상을 깨트려야 하고 예기치 않은 실망감을 감내해야 하겠지만, 당신은 변화에 적응할 능력을 이미 갖췄다.

무상에 점점 가까워지는 듯 보여도 현실에 대응해야 하는 순간마다 당신은 세상의 변화에 적응할 유상을 만들어 낼 수 있다.

모든 일에
'무조건 정답'은 없다

영화 〈청춘〉을 다시 봤는데, 기분이 좋지 않았다. 이야기 서술자인 샤오쑤이쯔가 남자주인공 류펑을 평가하는 태도를 받아들이기 힘들었다. 영화의 원작 소설까지 찾아 읽어 보았는데, 거기서도 류펑이 초자아가 너무 강한 탓에 불행하게 산다는 설정을 비롯해 심리학 지식까지 함께 곁들여 있었다.

하지만 나를 더 우울하게 만든 건 인터넷에 떠돌아다니는 류펑이라는 인물의 인격을 분석한 여러 글이었다. 대부분의 글은 류펑이 자신은 소홀히 대하면서 남에게는 잘해 주는 성격이고, 그의 험난한 인생은 전부 그의 심리적 문제에서 비롯됐다고 주장했다.

관객들이 스크린 앞에서 눈물 콧물을 다 쏟았을지라도, 영화관을 나

오는 순간 '절대 류펑처럼 살지 말아야지, 저게 무슨 생고생일까?' 하고
다짐했을 것이다. 아니면 자기도 류펑 같은 문제가 있지는 않을까 자
신을 되돌아봤거나, 류펑처럼 남들한테 퍼 주다가 상처도 많이 받고 잃
은 것도 많은 자신의 주변 사람을 떠올렸을지도 모른다.

과연 초라하게 살면 그 인생은 실패한 걸까? 세속적인 성공을 좇아야
만 올바른 인생을 사는 거라고 누가 규정했는가?

많은 사람이 자신의 평범하고 속된 기준으로 류펑을 재단하며 사람
들에게 잘못된 교훈을 전파한다. 이를 통해 한 가지 사실을 깨닫는다.
사람들에게는 정답으로 여겨지는 삶이 존재한다는 것이다. 이 표준에
서 벗어난 사람은 분석과 토론의 대상이 될 뿐 사람들에게 이해와 존중
을 받기는 어려워 보인다.

그렇게 여러 글을 통해 논의된 류펑에 대한 분석과 평가는 우리 자신
의 좁고 자아중심적인 생각이 드러나게 했다.

심리학은 평가의 수단이 아니다

심리학 지식이 널리 퍼지면서 누구나 조금은 아는 체 할 수 있는 영
역의 학문이 된 것 같다. 요즘은 사람들이 심리학을 조금씩이라도 배
우려 한다. 지금보다 더 나은 삶을 살고 싶고, 더 즐겁게 살고 싶기 때

문이다. 또 고민은 적게 하고, 행복은 더 많이 느끼고 싶으니까.

하지만 심리학을 배운 후 더 나은 삶을 살기는커녕 오히려 삶이 점점 더 나빠진 사람들도 있다. 심리학 원리와 개념을 몇 가지 배우고 나서 자신을 이해하는 데 활용하지 않고, 남을 분석하고 평가하는 데 열을 올리기 때문이다.

여기서 주의해야 한다. 자신이 배운 심리학 지식을 사랑하는 사람과 가족, 친구, 동료를 분석하는 데 이용하지 않아야 한다. 공격적인 행동일 뿐만 아니라 상식에 어긋나는 태도다.

먼저, 심리 분석은 상담사가 당사자의 요청이 있을 때만 진행할 수 있다. 또 상담 내용은 모두 철저하게 비밀에 부쳐야 한다. 당사자의 동의 없이 심리를 분석하는 건 대단히 무례한 행동이다.

그다음, 세상에 완벽하게 건강한 사람은 없다. 사람들 모두 조금씩 심리적 문제를 안고 살아간다. 타인을 분석하는 행위에는 자신은 심리적 문제가 없다는 전제가 깔려 있다. 폭력적이고 불평등한 관계를 만드는 일에 지나지 않는다.

마지막으로, 나와 상대를 잘 이해하기 위해 심리학을 배우는 것이지, 사람을 평가하기 위해서가 아니다.

심리학적 지식이 많은 사람들이 새침한 사람을 두고 상대의 심리 방어 기제를 파악한 후 득의양양해져 '내 앞에서 폼 잡을 필요 없다, 네 생각이 훤히 보인다' 하고 생각한다. 자기 멋대로 지적할 뿐만 아니라 잘

난 척하며 상대의 방어 기제를 폭로한다.

상대를 민망한 상황에 처하게 만들고, 상처 주는 일도 주저하지 않는다. 자신의 행동이 질책당하면 "내가 틀린 말했어? 사실을 말한 건데 왜 그래?" 하며 억울해한다. 이들에게 심리학은 그저 심심풀이고 자신의 똑똑함을 자랑하기 위한 수단일 뿐이다.

하지만 심리학은 다른 사람을 평가하기 위한 수단이 아니다. 심리학은 사람을 이해하기 위한 학문이다. 고로 자신과 타인을 이해하기 위한 수단으로 심리학 지식을 활용해야 탈이 나지 않는다.

심리학은 인생의 나침반이 아니다

다른 사람을 분석하는 것 외에도 많은 사람이 잘못된 심리학 지식을 지침 삼아 자신의 인생을 이끌어 나가기도 한다. 하지만 심리학은 인생의 나침반이 아니다. 그 어떤 삶도 심리학을 따라 살아야 할 이유도, 의무도 없다.

자신의 인생이 괴롭거나 고통스럽지 않고, 도움이 필요하다고 느끼지 않는다면 아무 문제가 없다. 〈청춘〉의 류평처럼 스스로 남을 위해 희생하는 삶을 원하고 이타적인 삶의 신념을 추구한다면, 그의 선택이다. 당사자가 괴롭지 않고 후회하지 않는다면, 그 누구도 그를 평가할 자격이 없다.

심리 상담에 종사하는 몇 년 동안 많은 사람이 특정한 지식에 속박당한 채 살아가는 걸 목격했다. 이 때문에 그들의 삶은 더 경직됐고 자유롭지 못했다.

무슨 일을 하든 최고의 경지에 이르러야 한다고 생각하는 사람들이 있었다. 이런 인식을 가지고 있다면 아무것도 쉽게 시작하지 못한다. 끝에 가서 최고가 되지 못할 게 두렵고 자신을 실망시킬까 봐 걱정되기 때문이다. 결국 이들은 어려운 문제를 만나면 자연스레 회피해 버리고, 더 나은 삶을 위해 한 발자국도 움직이지 못하게 된다.

언제부터인가 심리학 분석 역시 사람들에게 상처를 피하는 법, 성공하는 법, 삶의 정의 같은 것들에 정답을 제시하려 한다. 사실 인간은 요구에 맞춰 살아가는 데 익숙하다. 출세하기 위해, 집안을 빛내기 위해, 체면을 위해, 다른 사람보다 뛰어나기 위해 많은 일을 한다.

자기감정과 마음은 소홀히 하면서 사회적 요구에는 즉각적으로 반응해 자신의 삶을 이성적으로 통제하려 하기 때문에 스트레스로 가득 찬 삶을 사는 것이다. 하지만 자신의 진실한 감정을 마주할 용기가 있다면, 그렇게까지 많은 사람이 성공에 목매지 않으리라 생각한다.

비록 우리도 모르는 새 수많은 족쇄에 묶여 지내지만 여전히 선택할 권리가 있다. 풀 수 있는 족쇄라면 스스로 열쇠를 찾아야 하고, 풀 수 없는 족쇄라면 그 상태로 인생의 돌파구를 찾아 나서야 한다. 그러니 삶의 여러 표준을 내던져 버리고, 마음의 진실한 생각을 따라 한 번 살아 보자.

감정을 다스리지 못하면
아무것도 다스릴 수 없다

사람은 여러 감정을 느끼며 살아가지만, 모두가 감정 관리에 능숙한 건 아니다. 감정 관리의 첫 단계는 감정의 상태를 느끼고 식별하는 것이다. 그 후에 일정한 기술로 감정을 관리할 수 있다.

감정적인 사람이라고 해서 감정 관리에 대한 인식이 부족한 건 아니다. 단지 감정이 생길 때 잘 알아차리지 못하고 그 감정에 휘둘릴 뿐이다. 이들은 희로애락의 감정 변화가 빠를 뿐만 아니라 외부 자극에도 영향을 잘 받는다.

일반적으로 감정적인 사람이 긍정적으로 여겨지지 않지만, 부정적인 것만은 아니다.

수많은 예술가가 감정과 느낌을 통해 작품을 창작한다. 감정은 영감을 불러일으키기 때문이다.

예술가 기질은 예술에 민감하게 반응하는 성향을 지닌 사람을 가리키는 말로, 이들은 감정을 기반으로 자신의 타고난 재능을 자극한다.

역사적으로 수많은 예술가는 우울증이나 광증을 보였다. 이런 인격적 특성은 그들의 삶에 큰 불편을 초래했지만, 한편으로 예술을 창작하는 데 크나큰 영감을 받기도 했다.

당신이 감정적인 사람이라면, 지레 자신을 부정하기보다 당신의 감정들을 어떻게 긍정적으로, 좋은 자극으로 승화시킬 수 있을지 고민해보는 게 훨씬 생산적이다.

세상을 독특한 방식으로 강렬하게 느낀다면 다른 사람은 흔히 할 수 없는 경험을 할 수도 있고, 창작 능력을 자극할 수도 있다. 감정을 관리하는 기술을 익히는 것 외에도 감정의 일부를 가공해 장애물이 아닌 삶을 더 풍부하게 만드는 자극으로 변환할 수도 있다.

감정의 강도와 안정성은 사람마다 다르다. 심리학에서 히포크라테스의 체액론을 바탕으로 사람의 기질을 네 가지로 구분하는데 점액질, 우울질, 담즙질, 다혈질로 분류한다.

점액질의 사람은 천성적으로 다른 사람보다 둔감하다.

우울질과 담즙질의 사람은 천성적으로 특정 감정에 민감하게 반응한다. 우울질의 사람들은 더 쉽게 슬픔과 고통 등의 감정을 느끼고, 감정 변화의 폭이 크고 안정적이지 않다. 담즙질의 사람들은 천성적으로 분노에 민감하고 충동적이지만, 분노가 쉽게 오는 만큼 기쁨도 쉽게 느껴 '성격이 불같다'는 말을 자주 듣는다.

다혈질의 사람은 대개 낙천적이고 긍정적이며 감정도 안정적이다.

후천적으로 감정을 관리하는 기술 외에 선천적 기질도 사람의 감정에 큰 영향을 미친다. 선천적으로 남보다 감정적인 사람은 남들보다 더 열심히 감정을 관리하는 법을 배워야 한다.

감정적인 사람이라면, 인격적으로 미성숙하고 마음의 나이가 어려 어린아이와 같은 방식으로 세상에 반응하고 있을 수 있다. 이런 측면에서 감정 관리의 능력을 기르는 건 외부 환경에 적응력을 높이는 것이다. 세상 그리고 다른 사람과 상호작용할 때 의식적으로 자신의 행동을 점검함으로써 더 뛰어난 적응력을 갖춰 나가는 것이다.

감정 관리의 핵심은?

감정적인 이유는 무엇일까? 가장 유력한 원인은 원가족에서 찾을 수 있다. 원가족이 감정을 인식하지 않고 살았기 때문이다. 부모가 감정을 인지하고 관리해야 할 대상으로 인지하지 않은 것이다. 이런 가정 환경에서 자란 아이는 당연히 감정 관리의 필요성을 인식할 수 없다.

부모로부터 보호를 잘 받은 덕에 사회 경험이 부족하거나 자아를 성찰하고 성숙한 인격을 갖기 위해 노력하지 않았을 수도 있다.

어리광부리듯 행동하는 사람이 있는데, 고생한 적이 없거나 자신에 대한 기대치가 낮은 경우다.

몇 년간 사회 생활을 하고 몇 번 실패도 하다 보면, 감정에 관심을 갖게 되고 관리하려는 의식도 높아진다.

당신이 감정적인 건 감정을 관리하는 법을 잘 모르는 것도 이유지만, 더 큰 원인은 자신이 멋대로 굴어도 괜찮다고 생각하기 때문이다.

한 사람이 성숙해진다는 건 곧 '내 멋대로 굴어도 괜찮다'는 생각에서 벗어나는 과정이다. 과거의 당신은 세상이 자신을 중심으로 돌아간다고 여기며, 이를 당연한 일이라고 생각했을지 모른다.

사회에서 몇 년 부대끼다 보면 그제야 깨닫는다. 세상은 그 누구를 중심으로 돌아가지 않고, 나는 그 중심이 더더욱 아니라는 사실을. 세상을 중심으로 돌아가야 하는 존재는 바로 나라는 사실을, 그렇다고 반드시 원하는 바를 손에 넣을 수 있는 것도 아니라는 사실을 말이다.

삶의 곳곳에 위기와 함정이 도사리고 있다. 위기를 이겨 내고 함정을 뛰어넘을 방법은 내 능력을 키우는 것뿐이다. 감정을 관리하는 법을 배우는 것이다.

점점 당신은 감정 관리의 필요성을 깨달을 것이다. 감정을 관리하는 법과 약간의 기술을 터득해야 한다. 감정을 관리하는 법을 배우는 건 사회화되는 과정이기 때문이다.

자기감정을 수용한다는 것

감정 관리는 후천적으로 노력해 터득해야 하는 능력이다. 그렇기에 개인의 감정 관리 영역에 있어 가정교육과 부모는 절대적인 관계성을 지닌다.

감정적인 사람은 대체로 부모 역시 같은 문제를 가지고 있다. 안타깝게도 이런 가정에서는 아이의 감정적인 행동을 문제로 여기지 않는다. 가족 구성원 모두 감정적으로 행동하기에 이상하다고 여기지 않고 교정이 필요한 행동으로 간주하지 않는다.

이런 가정환경에서 성장한 사람은 자연히 감정을 관리해야겠다는 의식이 부족하다. 마음이 부산스럽고, 우울하고, 무기력해도 감정적인 행위라고 인식하지 못한다. 자기감정이 범람하도록 내버려 두고, 그 속에 침잠해 들어간다.

또 감정에 휘둘리다 '감정적 추리'를 하곤 한다. 감정적 추리란 자신의 현재 감정을 근거로 외부 세계와 타인을 평가하는 걸 말한다. 기분이 좋을 때는 무엇이든 좋지만, 기분이 나쁘거나 우울할 때는 세상에 희망이 없다고 생각한다.

우리의 이성적 인지가 지금 당장의 감정에 통제당하면 외부 세계나 타인에 대한 태도는 불안정해진다.

사람들과 원활하게 교류하는 사람일수록 감정 변화에 대한 인지가 원활하다.

이들은 자신의 마음에서 일어나는 판단의 근거가 감정인지, 이성인지 잘 구분해 낸다. 비즈니스든, 정치 활동이든 모든 일을 순조롭게 해 나간다. 감정 관리에 뛰어나기 때문에 자기감정을 잘 통제할 뿐만 아니라 상대의 속셈도 꿰뚫고 감정을 이용해 상대를 공격할 줄도 안다. 소위 말하는 심리적 전술이다.

'궁궐이 깊다'는 중국 속담이 있는데, 속내를 잘 감춰 어떤 사람인지 알기 어렵다는 뜻이다. 속내를 잘 감춘다는 건 자기 생각이나 태도를 쉽게 드러내지 않는다는 뜻으로, 대체로 자기감정을 잘 드러내지 않는다는 의미다. 이 같은 사람의 경우 의도하는 바가 무엇인지 알아채기 어렵다.

자기감정을 잘 관리하지 못하는 사람은 대체로 얼굴에 희로애락이 그대로 쓰여 있다. 심지어 너무 감정적이어서 일상생활에 지장이 있고 문제도 자주 일으킨다.

반면 자기감정을 잘 관리하는 사람은 얼굴색이 잘 변하지 않는다. 늘 감정 관리의 전쟁에서 승리한다. 이 둘의 차이는 감정을 인지하는 정도, 관리하는 수준에 따라 달라진다.

자기감정을 감지하는 법

자기감정을 관리하지 못한다는 건 자신의 인생 또한 관리하지 못한다는 뜻이다.

감정 관리를 제대로 못하는 사람은 쉽게 중도 포기해 버린다. 이들은 목표를 위해 조금도 인내하려 하지 않는다. 자신이 진정으로 원하는 게 무엇인지 모르기 때문에 외부 환경에 쉽게 영향받는다.

어떤 사람은 "제 인생이 한 가지 목적만을 향해 있는 게 싫어요. 흘러가는 대로 느끼고 싶을 뿐이에요"라고 말한다. 이 역시 자기 자신에 대한 인식이고, 삶의 좌표일 수 있다. 예술가 기질의 소유자일 수 있고, 예술과 관련된 일을 하기에 적합한 사람일 수 있다.

하지만 위대한 작품 뒤에는 수없이 많은 자질구레한 일상생활이 버티고 있다. 제멋대로 사는 듯한 예술가의 모습 뒤에는 언제나 제멋대로일 수 없는 면이 존재한다.

우리 같은 보통 사람이 감정 관리의 능력을 키울 수 있는 현실적인 방법은, 자기감정을 감지하는 법을 터득하는 것이다.

일상생활을 기록하여 자기감정을 감지하고 그 감정에 이름을 달아주는 것이다. 감정이 일어나던 순간 내가 어떤 일을 겪었는지, 무엇을 느꼈는지, 어떤 행동을 했는지, 왜 그런 행동을 했는지, 이런 것들을 하나하나 적고, 고민하고, 종합해 보는 것이다. 기록이 세세할수록 좋다.

이 밖에도 다른 사람을 관찰하거나 그에 대해 기록해 보는 것도 좋다. 특히 감정을 처리하는 방식을 관찰한 뒤, 좋은 점은 흡수하고 나쁜 습관은 제외시켜 보는 것이다. 이렇게 지속해 나가다 보면, 감정을 인지하는 능력과 처리하는 능력 모두 크게 향상될 수 있다.

감정적인 건 부정적이지 않다. 또 기피해야 할 대상도 아니다. 진짜 두려워해야 하는 건 우리 자신의 성장을 거부하는 것이다.

분노를 제어하기
힘든 이유

화를 잘 내는 사람들을 종종 만난다. 마음에 들지 않은 일이 생기면, 남에게 불같이 화를 내는 사람이 있고, 자신에게 화를 내며 마음의 문을 닫고 자신을 괴롭히는 사람도 있다. 두 경우 모두 자신에게 화를 낸다는 점에서 같다.

화를 남에게 표출하는 사람은 분노의 원인을 자기 밖에서 찾는 외적 귀인을 사용하는 것이고, 외부로 발산하지 못하고 자신에게 돌리는 사람은 자신에게서 원인을 찾는 내적 귀인을 사용하는 것이다.

화는 일종의 공격 행위다. 일이 자기 뜻대로 흘러가지 않을 때 벌을 주는 것이다. 어떤 때는 다른 사람을 처벌하고, 어떤 때는 자신을 처벌한다.

'화병 난다'는 말이 있듯 화는 신체에 악영향을 미친다. 그렇다면 화내는 버릇은 어떻게 고칠 수 있을까? 다른 사람이 우리에게 화를 낼 때 어떻게 희생양이 되지 않을 수 있을까? 화를 쉽게 내는 사람의 심리 기제를 파악할 필요가 있다.

화를 쉽게 내는 이유는 '초자아'가 너무 강하기 때문이다. 초자아란 인간의 인격 중 이상적인 자아를 말한다. 양심, 사회적 규칙, 자아 이상으로 구성되며 인격의 가장 높은 자리를 차지한다. 최선의 원칙에 따라 행동하며, 자아를 이끌기도 하고 제한하기도 한다. 엄격한 가장처럼 행동과 의식의 내재적 감독자이자 심판자다.

자신에게 쉽게 화내는 사람은 대체로 초자아가 강해 자신이 한 일이 일정 기준에 도달하지 못했다고 느낀다. 이때 초자아가 힘을 발휘해 자신에 대해 엄격한 비판과 징벌을 가한다. 그러면 사람은 자신이 불만족스럽기에 죄책감과 자책감을 느끼게 된다.

현실과 이상 사이에 간극이 발생할 때 일종의 보상 행위로 자신에게 화를 내기도 한다. 이런 보상 행위를 통해 자신을 처벌함으로써 초자아를 만족시키려 한다. 이상적인 성적을 거두지 못하거나 어떤 일을 망쳤을 때 자신에게 화를 냄으로써 초자아가 그 일을 잊게 만들거나 관심을 두지 못하게 하는 것이다.

일반적으로 자신에게 쉽게 화내는 사람은 아주 엄격한 부모 밑에서 자란 경우가 많다. 이런 사람은 어린 시절 인격이 형성될 때부터 마음속에 거대한 초자아가 자리 잡는다.

대체로 부모 역시 자신에게 쉽게 화내는 사람으로, 아이는 부모의 영향을 받아 부모의 행동을 그대로 따라 한다. 때문에 자신에게 화내는 행동이 왜 문제인지 인식하지 못한다.

그러다 자기 행동이 자신에게 커다란 상처를 남긴다는 사실을 깨닫고 나서야 문제의 심각성을 알아차리고 고민에 빠진다.

엄격하고 자신이 완벽하길 바라는 초자아는 '내적 부모'의 특징이다. 내적 부모란 어린 시절 부모가 요구한 규칙과 교훈을 내재화함으로써 자아 인격의 일부로 흡수해 만들어 낸 초자아를 말한다. 자신에게 엄격한 이유는 부모의 기대가 반영된 결과다.

자신에게 화를 내는 건 내적 부모가 화를 내는 것이다. 유년기에 자신이 기대에 부응하지 못할 때마다 마주한 부모의 태도다.

자연스레 내재화된 내적 부모는 현실의 부모를 대체한다. 그 결과, 성장한 후에도 어린 시절 부모가 보인 행동을 자신에게 반복한다.

나르시시즘적 분노

습관적으로 화내는 또 다른 이유는 '전능한 자아'와도 관련이 있다. 전능한 자아란 영아일 때 자신이 무엇이든 할 수 있다고 믿는 상태를 말한다.

일반적으로 개인의 심리적 성장과 함께 전능한 자아는 점차 사라지게 된다. 전능한 자아에서 부분적 전능한 상태로 변화한다. 자신의 장단점을 깨닫고 자신의 경계를 알게 된다.

이 과정에서 전능한 자아가 건강하게 현실 자아로 대체되지 않는 사람도 있다. 이들은 일이 자기 뜻대로 풀리지 않으면 분노를 터뜨린다.

나르시시즘적 분노라고 불린다. 이 분노 뒤에는 '나는 모든 것을 통제할 수 있어', '나는 뭐든지 하고 싶은 대로 할 수 있어'라는 전능한 자아의 심리가 숨겨져 있다. 이상적 자아에 대한 집착인 셈이다.

나르시시즘적 분노를 보이는 사람이 경계해야 할 점은 외적 귀인을 사용해 외부를 향해 분노를 터뜨리는 것이다.

이 또한 자신을 보호하기 위한 전능한 자아의 방어 기제다.

문제를 다른 사람의 탓으로 돌리면, 전능한 자아가 위협받지 않을 수 있기 때문이다. 이는 자기기만의 전략이고, 심리적으로 성숙하지 못한 탓이다.

흥미롭게도 나르시시즘적 분노를 발산하는 사람은 보통, 강한 사람에게는 약하고 약한 사람에게는 강하며, 자신의 분노를 대체로 안전하다고 느끼는 사람을 향해 내뿜는다. 이때 분노의 대상이 되는 사람은 절대 이들의 분노에 압도당해서는 안 된다. 이들의 공격 행위를 인정하는 순간, 크나큰 상처를 받게 된다.

습관적으로 화내는 사람을 만나면, 그의 심리 기제부터 파악해야 한다. 그가 화내는 이유는 당신 때문이 아니다. 그 자신의 잘못 때문인 경우가 대다수다.

습관적으로 화내는 사람을 대하는 가장 좋은 방법은 본체만체하는 것이다. 아무리 공격해도 상대가 난공불락이라는 사실을 깨달으면 제풀에 지쳐 떨어진다. 반응해 주지 않으면, 그의 분노는 일인극으로 싱겁게 끝나 버린다. 그는 자신의 분노를 거두어들일 수밖에 없다.

혹은 당신이 남과 자신에게 습관적으로 화내는 사람이라면, 자기감정을 인지하기 위해 노력해야 한다. '아집'은 외부 세계가 자기 뜻대로 움직여 주길 바라는 마음이다. '아집'을 깨부수는 일은 진실한 자아와 세계를 이해하는 과정이다. 고로 자아를 더욱 명확하게 알아야만 습관적으로 화내는 곤혹스러운 상황에서 벗어날 수 있다.

인생을 망치는 지름길,
불평불만

고등학교 친구 중에 불평 없이 못 사는 친구가 한 명 있었다. 그 친구와 나는 같은 대학에 진학했는데, 입학하고 보름쯤 지나 불평을 늘어놓기 시작했다. 자기가 꿈꾸던 대학과 전혀 다른 모습이라고 했다.

처음에 친구의 말이 어느 정도 일리가 있다고 생각했다. 고등학교 때 열심히 공부한 만큼 대학 생활에 대한 기대도 컸기에 실망도 컸을 것이다. 얼마 지나지 않아 말솜씨가 좋았던 그는 한 동아리의 부회장으로 활동하며 대학 생활에 잘 적응하는 듯 보였다. 시간이 흘러 학교에서 우연히 만나 안부를 주고받는데, 친구는 또 온갖 불평을 쏟아내기 시작했다.

동아리의 여러 불합리한 규칙 때문에 할 수 있는 게 하나도 없다는 등, 주변 사람은 모두 멍청하다는 등, 동아리 사람들과 같이 할 얘기가 없다는 등 불평이 끊이지 않았다. 결론적으로 그는 자기가 대학을 잘 못 왔다고 생각했다.

학창 시절 그 친구와 마주친 건 대학교 3학년 때가 마지막이었다. 모두 자신의 미래를 향해 박차를 가하던 시기였다. 유학, 대학원, 취업 등 저마다의 준비로 분주한 날들이었다. 하지만 그는 2학년 수업 두 개에서 낙제를 받은 바람에 여러모로 난처한 상황이었다.

수염도 깎지 않은 너저분한 얼굴에 코를 찌르는 담배 냄새를 풍기며 친구가 나를 찾아왔다. 드디어 정신 차리고 다시 공부하려고 나를 찾아왔나 싶었지만, 대학에 갓 입학했을 때와 똑같이 학교가 자신의 인생을 망쳤다며 어떻게 낙제를 줄 수 있냐고 푸념했다.

결국 그는 4년 동안 학교는 다녔지만 졸업장은 받지 못했다. 이후 집안사람의 도움으로 괜찮은 직장을 다녔지만, 3개월을 버티지 못하고 그만뒀다. 그 뒤로 여러 직장을 떠돌며 어느 곳에서도 꾸준히 일하지 못하고 퇴사했다. 퇴사 이유는 항상 '사장이 멍청하다, 동료들과 잘 지내기 어렵다'였다.

그러는 새 10년이 지나 친구들은 각자의 영역에서 괜찮은 성과를 내며 일하는데, 그 친구는 동창회에서 친구들에게 일자리를 부탁하는 처지가 돼 버렸다. 비굴하면서도 고생은 조금도 하기 싫어 하는 친구의 모습을 보며 어쩌다가 저렇게 됐을까 한탄하지 않을 수 없었다.

계획대로 풀리지 않을 때

'열 가지 중 내 뜻대로 되는 건 한두 가지'라는 옛말이 있다. 우리에게 일어나는 일 대부분은 개인의 의지와 무관하고, 사람들 모두 뜻밖의 상황의 피해자다. 그렇기에 이 세상은 불평불만으로 가득하다.

습관적으로 불평하는 사람들은 대체로 똑같은 백일몽을 꾼다. 크게 노력하지 않아도 멋진 삶을 살길 바란다. 종종 삶이 얼마나 까다로운지 깨닫지 못하고, 충분히 노력했는데 그에 비해 얻는 건 적다고 생각하며 세상을 원망한다.

원래부터 좋은 조건을 갖춘 사람일수록 자신은 더 나은 삶을 살아야한다고 생각한다. 주변 사람들에 비해 뛰어난 장점을 갖고 있기 때문이다. 하지만 간과한 사실이 있다. 겉으로 부족해 보이는 사람이 사실 더 크고 강한 마음을 지녔다. 또 고생을 감내할 줄 알고 더 어른스럽다.

불평불만은 성숙하지 못한 사람을 나타내는 징표와 같다.

누구나 살면서 자기 삶이 엉망진창이라고 생각할 때가 있다. 그때 어떤 사람은 자신의 삶을 원망하며 고통스럽고 실패한 삶을 향해 나아간다. 반대로 어떤 사람은 상황을 적극적으로 개선하기 위해 노력하고, 끝내 자신의 처지를 바꾸는 데 성공한다.

불평하면, 곤경의 원인을 외부에서 찾을 수 있다. 허상이지만, 불평의 대상보다 자신이 우월하다고 느낄 수 있다. 자존심을 지키는 동시에 자신이 문제를 책임질 필요가 없어진다.

부정적인 에너지를 내뿜는 사람들의 인생을 보면, 항상 누군가가 그들에게 미안할 일들을 저지른다. 그들은 땅이 꺼져라 한숨을 쉬며 능력을 펼칠 기회가 없다고 푸념한다.

습관적으로 불평하는 사람은 부정적인 사물과 감정에 지나치게 집중한다. 작은 문제도 크게 부풀리고 자신을 비참한 상태에 가두고 절대 도망가지 못하게 한다. 누군가 도와주려 해도 불평하고 원망한다.

삶은 공평하다. 불평을 멈추지 않고 계속 비관적으로 살기 위해 애쓴다면, 운명은 당신이 바라는 대로 참담한 결과를 안겨 줄 것이다.

자신을 사랑할 때
비로소 사랑받을 수 있다

연애가 실패로 끝날 때가 있다. 이별에는 아픔이 뒤따른다. 이별의 아픔으로 오랫동안 슬픔에 갇혀 지내기도 한다. 평생 이별의 상처에서 헤어 나오지 못한 채 사랑 없는 적막 속에서 살아가기도 한다. 마음의 문을 다시 열기 어렵고, 자신을 좋아해 주는 누군가의 마음도 받아들이기 어렵다. 사랑 때문에 자살을 선택하기도 한다.

적지 않은 사람들이 사랑 때문에 고통받는다. '연애-상처-연애-상처'의 악순환에 휘말려 연애할 때마다 만신창이가 된다.

몇 년 동안 사랑 때문에 고통받은 친구가 있다. 친구는 이별할 때마다 큰 타격을 입었다. 자기 힘으로 아픔에서 헤어 나오지 못했다.

한편 이별한 후에도 괜찮아 보이는 사람들이 있다.

똑같이 이별하는데 왜 어떤 사람은 빠져나올 수 없는 슬픔에 빠지고, 어떤 사람은 아무런 영향도 받지 않을까?

사랑 때문에 고통받는 사람은 대개 연애를 통해 '나는 괜찮은 사람이야', '나는 사랑받을 자격이 있어'라는 사실을 확인받고 싶어 한다. 이들은 타인의 사랑을 몹시 갈망한다. 사랑받지 못하는 순간 무의식 속의 '사랑받지 못했다'는 트라우마가 일어난다.

이들에게 연애는 곧 사랑을 받는다는 것을 의미한다. 그렇기에 헤어지는 순간 자신이 사랑받을 자격을 잃었다고 생각하고, '사랑받는 나'에 의지하던 자아 역시 큰 상처를 입고 약해지고 만다.

반대로 이별 후에도 아무렇지 않게 삶을 영위하는 사람은 연애에 너무 많은 의미를 부여하지 않는다. 이들에게 연애란 함께 있을 때 편안하고 즐거운 것이다. 불편하고 즐겁지 않다면 끝내고, 편하고 즐겁다면 이어나간다.

의심할 여지없이 후자가 자기 자신을 더 사랑할 줄 아는 사람이다. 이들은 자신을 돌보고 사랑할 줄 안다. 설사 상대가 이별을 통보하더라도 자신에 대한 사랑으로 이별의 시간을 버틸 수 있다. 물론 아프겠지만 무너지지 않는다.

이 둘을 쉽게 구분할 수 있다. 자신을 사랑하는 능력이 있는가 없는가를 확인하면 된다. 자신을 사랑하는 능력은 심리적 발달이나 지성의 발달과도 연관이 있다. 이 능력이 부족한 사람은 친밀한 관계가 깨졌을 때 뒤따르는 충격 또한 처리할 능력이 부족하다.

사랑 때문에 고통받는 사람은 이별 후 견디기 힘든 이유가 상대의 부재 때문이 아니라 자신이 꿈꾸던 이상적 사랑에 대한 환상이 깨졌기 때문임을 알고 있다.

이들은 연애할 때 상대의 진실한 모습보다 상대가 나를 사랑하는지, 얼마나 사랑하는지를 더 중요하게 여긴다. 상대가 보여 주는 사랑을 통해 자신이 괜찮은 사람인지 아닌지를 확인할 수 있다고 생각한다. 상대가 자신에게 주는 피드백을 통해 '자아'의 좋고 나쁨을 확인한다. 그래서 친밀한 관계가 깨지면 자아도 함께 무너지는 것이다.

환상이 주는 상처, 해결되지 않는 욕구

인간의 유아기는 절대적 나르시시즘으로 충만하다. 이때 사람은 전능한 존재로, 세상은 자기 뜻대로 돌아간다고 믿는다.

하지만 현실의 여러 난관은 그 누구도 피해 갈 수 없다. 절대적 나르시시즘은 점차 도전받을 수밖에 없다. 이런 난관들이 그가 견딜 수 있는 범위에서 일어나면, 그는 점차 절대적 나르시시즘에서 벗어나 완벽하지 못한 현실을 받아들이고, 현실에 대응하는 능력을 갖추게 된다. 이 능력을 바탕으로 정상적이고 일관적으로 기능하는 응집력 있는 자기를 만들어 낼 수 있다.

그렇게 외부 세계에 의지해 자신을 만족시키던 방식으로부터 벗어나면서, 인간은 자신을 돌보고 신경 쓰는 법을 배우게 되고, 자신을 사랑하는 법을 터득해 나간다.

반면 절대적 나르시시즘 단계에서 커다란 좌절을 겪었을 때 외부 세계로부터 적절한 지지와 공감을 얻지 못하면, 절대적 나르시시즘 상태에서 빠져나오지 못하게 된다. '절대적 환상'에 갇혀 버리는 것이다. 그래서 연애할 때마다 상대에게 절대적 환상을 투사한다.

자신을 사랑하는 능력은 불완전한 현실에 대응하기 위해 발달한다. 하지만 성장 과정에서 좌절을 겪으면 자신을 사랑하는 능력을 키우는데 영향을 받고, 환상에 빠져 헤어 나오지 못하게 된다.

그래서 연애할 때마다 반복적으로 상처받는 사람은, 자신의 환상으로부터 매번 상처를 입는다고 볼 수 있다.

사랑 때문에 고통받는 사람은 자신을 사랑하는 능력이 부족하기 때문에 사랑을 찾아 헤맨다. 사랑은 '사랑받는 것'이라고 생각하기 때문이다. 이 같은 생각은 자기 자신을 인정하는 능력이 부족해 일어난다.

이들은 '내가 좋은 사람인가?', '내가 사랑받을 만한 사람인가?' 하는 질문들에 답을 얻지 못한 상태다. 그래서 실연당할 때마다 '왜 나는 늘 사랑받지 못하지'라는 부정적인 생각에 잠기는 것이다.

집착은 상대를 얼마나 사랑하는가를 보여 주는 증거가 아니다. 그저 사랑받고 싶은 자신의 욕구를 해결하고 싶을 뿐이다. 사랑이 부족한 사람일수록 더욱 상대에게 사랑을 갈구하고 집착한다. 하지만 이는 이들을 더욱 절망스럽게 만들 뿐이다.

사랑 때문에 고통받는 사람일수록 자신의 성장 과정을 돌이켜 봐야 한다. 어린 시절 채워지지 않은 내면의 필요와 욕구를 메워 나가야 한다. 그래야 자신을 사랑할 줄 알게 된다. 자신을 사랑하는 능력이 쌓여 갈 때 진정으로 사랑할 수 있게 된다.

상대를 습관적으로
부정하는 마음

종종 다른 이를 대하는 누군가의 태도를 보고 그의 미래를 짐작해 보곤 한다. 주변에 남의 단점을 쉽게 발견하고 남을 칭찬하는 데 인색한 사람이 꼭 한두 명씩 있다. 그들의 입은 늘 남을 부정하기 바쁘다.

한때 나는 그들의 통찰력이 대단하다고 생각했다. 하지만 어느 날 남을 칭찬할 줄 모르는 건 일종의 병이라는 사실을 깨달았다. 강해 보여도 그들의 마음속은 비굴하기 그지없다. 그들은 끊임없이 남을 부정하는 방식으로 자신의 비굴함과 나약함을 가리려 한다.

남과 비교해 드러나는 자신의 부족함을 가리기 위해 사실을 왜곡하고 자신을 기만하는 데 주저하지 않는다. 뛰어난 사람에게도 단점이 많다고 자신에게 주문을 걸고, 여기서 힘을 얻는다. 심지어 자신이 남보다 뛰어나다는 거짓 우월감에 빠지기도 한다.

많은 사람이 성공하지 못하는 이유는 거짓 우월감을 확보하는 데 자신의 에너지를 너무 많이 쓰기 때문이다. 그들은 진실을 마주하기 싫어하고, 도망가고 현실을 왜곡하고 부인하면서 허황된 환상으로 자신을 기만한다.

당사자는 자기기만의 상태를 알아차리지 못하고, 고집스럽게 거짓 우월감 속에 살아간다. 시간이 흘러 자기기만은 습관적 행동이 된다.

부정당하지 않기 위한 자기 보호 전략

한 사람이 겪을 수 있는 가장 큰 비애는 남에게 기만당하거나 남을 기만하는 것이 아닌, 자기를 기만하는 것일지도 모른다.

남을 부정함으로써 우월감을 얻는 사람은 어릴 때 분명 경쟁적으로 남과 비교당한 경험이 있을 가능성이 크다. 그들은 남과 비교당한 적은 많지만, 외부로부터 인정받은 일은 드물었을 것이다.

그로 인해 그들은 열등감과 나약한 마음을 갖게 되고 변태적인 행동 양식을 배웠을 것이다. '이기지 못할 바에 상대의 단점을 찾아 폭로하면 장점도 그렇게 눈부시지 않을 거야'라는 마음으로 행동하는 것이다. 그러면 적어도 비참해지지는 않기 때문이다.

습관적으로 남을 부정하고 깔보는 행동은 자기를 보호하려는 전략이다. 어떤 사람은 이런 전략을 통해 '나는 대단하다'고 착각한다. 그들은 계속 마음속으로 자기를 부정하기 때문에 남을 부정함으로써 얻는 자신에 대한 긍정적인 신념이 간절하게 필요하다.

반대로 남을 긍정할 줄 아는 사람은 분명 과거에 외부로부터 많은 인정을 받아 왔을 것이다. 자신에 대한 의심이 없으니 거짓 자존심을 지키는 데 에너지를 쓸 필요가 없다.

습관적으로 남을 부정하는 사람은 시시각각 '남과의 비교' 속에서 살아간다. 남에게 눈을 떼지 못한다. 마음속으로 끊임없이 남과 자신을 비교한다. 이렇게 남을 신경 쓰다 보면 자신을 돌아볼 수 없고, 진정한 자신의 필요를 깨달을 수 없다. 어떤 의미에서 그들은 남을 위해 산다고도 볼 수 있다.

남을 인정하지 못하는 마음의 병

습관적으로 남을 부정하고 있다면, 그가 당신을 원하는 게 아니라 당신이 그를 필요로 한다는 사실을 알아야 한다. 이성적으로 자신의 목적을 깨닫지 못했을 뿐이다.

다른 사람을 통해 자아를 확립할 수밖에 없다는 건 타인을 참조하지 않고는 자신을 잘 이해하지 못한다는 의미다.

한편 당신이 신경 쓰는 그 사람들에겐 분명 배울 점이 많을 것이다. 사실 그의 단점은 나와 관계가 없다. 나의 단점이야말로 나와 아주 끈끈한 관계를 맺고 있다. 안타깝게도 습관적으로 남을 부정하는 사람일수록 이 간단한 진리를 무시한다.

내적 소모가 많은 탓에 자신을 되돌아볼 에너지가 없을지도 모른다. 당신은 남에게 밀려 아래로 떨어질까 봐 걱정하는 자기 보호 상태에 머물러 있다.

남의 단점에 주목하느라 자신의 발전 가능성에 대해서는 생각하지 않는다. 자신에 대한 허황된 만족감에 취해 있으면, 진정으로 성장하거나 발전할 수 없다.

남을 부정하는 태도는 바보 같으면서도 괴로운 마음의 병이다. 바보 같은 이유는 두 가지다.

'얼마나 아둔해야 온종일 남만 쳐다 보고 있을까?'

'얼마나 자신을 무시하면 자기보다 남에게 관심이 많을까?'

괴로운 마음의 병인 이유는, 다른 사람의 단점을 찾고 부정하는 데 열을 올리는 이유는 그만큼 자신이 괜찮은 사람임을 증명하고 싶기 때문이다.

사람은 모두 자기만의 장점 하나쯤은 있기 마련이다. 간단한 원리지만, 많은 사람이 여기서 길을 잃는다. 남의 단점을 찾는 데 열을 올림으로써 자신을 속이고, 진실한 자신을 마주하길 회피한다. 하지만 자신을 위로하는 이 전략은 현실적으로 아무런 도움이 되지 않는다.

당신의 성장만 가로막을 뿐이다. 또 당신 주위에 부정적인 기운이 흐르게 할지도 모른다. 사람들은 독설을 내뱉는 당신을 피해 다닐 테고, 좋아하기 어려울 것이다.

남을 부정하면서 느끼는 우월감

남을 부정함으로써 우월감을 얻는 사람이라면, 제자리에 머물러 지내기 마련이고, 어떤 성장도 이뤄 낼 수 없다. 거짓 자아를 위한 허구 세계를 만드느라 진실한 자아를 위해 행동할 여력이 없기 때문이다.

어떤 사람은 거짓 자아를 만족시키기 위해 점점 더 나쁜 길로 빠져든다. 남과 갈등을 일으키는 것도 마다하지 않는다. 폭력을 휘둘러서라도 자신을 지키는 데 혈안이 돼 있다. 마치 폭탄을 들고 다니는 폭도처럼 남의 삶에 침입해 사람들을 위협한다.

어떤 사람은 자기를 공격한다. 그들은 폭탄을 남에게 던지지 않고, 자신을 향해 터트리려 한다. 그들은 자신을 한 단계 업그레이드할 생각은 하지 않고 자기 학대의 굴레에 빠져 불안해하고, 대인기피증을 앓거나 우울증에 시달린다. 지나치게 남을 신경 쓰느라 자신을 방치하기 때문이다. 또 남의 기준으로 자신을 검열한 탓도 있다.

대체 얼마나 열등감을 심하게 느끼면 남에게서 자기 삶의 가능성을 찾으려 할까? 거짓 자아를 유지하기 위해 왜 그토록 심혈을 기울일까?

안타깝게도 많은 사람이 다른 사람의 단점을 찾고는 득의양양해한다. 이들의 마음 수준은 비슷하다. 서로 무시하고 트집 잡기 일쑤다. 상대에게서 자기 존재감을 찾고 희희낙락한다.

이런 삶은 마음에 악마가 사는 것과 같다. 마음속 악마를 내쫓지 않으면 행복질 수 없다. 행복이 너무 멀리 있다고 불평하지 말자. 마음이 빈약해 자신을 지킬 수 없을 때 우리는 행복하지 않다고 느낀다. 내 마음이 어떤 상태인지 들여다보자. 마주할 용기를 내자.

마음껏
슬퍼할 용기

A라는 내담자가 있다. 최근 1년간 그녀는 정신적으로 아주 힘든 시간을 보냈다. 매일 기분이 가라앉았고, 불안해서 잠도 잘 자지 못했다.

이 상태는 A의 직장 생활에도 영향을 미쳐 승진 심사에서 두 번이나 연달아 떨어졌다. 열심히 일하고 싶었지만 힘이 나지 않았다.

1년 전 A의 외할아버지가 병으로 돌아가셨다는 사실을 알게 됐다. 그 후로 그녀는 정신적으로 피폐한 삶을 살았던 것이다.

슬픔이란 감정은 모든 사람에게 매우 중요하다. 슬픔은 정상적인 반응이자 부정적인 사건을 처리하는 본능적인 반응이다.

실연, 이혼, 실업, 가족의 사망, 친구의 배신, 승진 실패 등 여러 일을 겪지만 슬픔의 정도는 저마다 다르다. 하지만 좌절을 겪거나 큰 사고를 당할 때 자신에게 슬픔을 느낄 틈을 주지 않는다면, 심각한 심리적 문제가 생길 수 있다. A처럼 말이다.

A는 슬픔이란 감정에 큰 수치감을 느꼈다. 사람은 이성적이고 강인해야 하며 나약해져서는 안 된다고 생각했다.

그녀의 외할아버지는 강인하고 이성적인 사람이었다. 생전에 그녀에게 좌절을 겪더라도 다시 일어서야 하고, 마음이 강한 사람이 되어야한다고 가르쳤다.

그 때문에 외할아버지가 돌아가셨을 때도 A는 강인해져야 한다고 되뇌이며 쉬지 않고 일에 몰두하는 방식으로 외할아버지의 죽음을 추모했다. 그녀는 이렇게 하면 고통스러운 시간을 이겨 낼 수 있으리라 생각했지만, 우울증이 찾아왔다.

마음 건강을 위한 슬픔의 역할

적지 않은 사람들이 A처럼 살아간다. 많은 사람이 힘든 일을 겪을 때 강하게 이겨 내도록 자신을 채찍질하지만, 오랫동안 우울한 상태에서 벗어나지 못한다.

사실 슬픔은 마음의 건강을 유지하기 위해 중요한 역할을 담당한다. 슬픔을 통해 부정적 사건과 분리될 수 있고, 과거와 작별하고 새롭게 출발할 수 있다.

슬픔을 마주하지 않으면, 슬퍼하도록 자신을 내버려 두지 않으면 이 분리는 끝나지 않는다. 오히려 부정적인 감정 상태에 빠져들어 우울증을 앓게 된다.

슬픔에는 세 가지 기능이 있다.

(1) 감정의 발산을 돕는다

인간의 정서나 감정은 마치 흐르는 물같이 매일 흘러가며 움직인다. 부정적인 사건은 고통과 슬픔을 불러일으키는데, 자연스러운 일이다. 이때 슬픔이 발산되어야만 감정은 막히지 않고 다시 정상적으로 기능할 수 있다.

(2) 분리를 완성시킨다

실연, 이혼, 실업, 가족의 사망, 친구의 배신, 승진 실패 등의 일을 마주할 때 마음속으로 추구하던 이상과 분리돼야 한다. 과거에 소유한 좋은 것들이 현재의 삶에 존재하지 않기 때문이다. 이때 슬픔은 심리적으로 이 분리를 완성할 수 있도록 도와준다.

중국 전통문화에서는 가족이 사망했을 때 성대한 애도 의식을 치름으로써 사람들이 슬퍼할 수 있도록 돕는다. 여전히 이 의식은 분리를 완성하는 데 필수적이다.

(3) 인격을 성장시킨다

상실은 깨달음을 가져오고 삶의 의미를 다시 곱씹을 수 있게 한다. 모든 사람은 성장 과정에서 수많은 상실을 겪는다. 의존적 상태의 유아에서 점차 독립적인 성인으로 성장한다.

상실의 과정 중 하나로, 상실을 받아들일 줄 알아야만 성장할 수 있다. 영국의 역사가 토마스 칼라일은 "밤새워 울어 보지 않은 자는 인생을 논할 자격이 없다"고 말했다.

슬퍼하지 않는 것보다 마음껏 슬퍼하는 게 낫다

왜 사람들은 슬픔을 거부할까?

A는 좌절하고 울고 싶을 때마다 가족들이 "울면 안 돼, 약한 애들이나 우는 거야" 하고 그녀를 다그쳤다. 이런 가정환경에서 성장한 그녀는 점차 '힘든 일을 당해도 울면 안 된다, 나약함은 부끄러운 일이다'라는 가족들의 신념을 수용하게 됐고, 슬픔을 느끼거나 남들 앞에서 우는 일은 그녀에게 있을 수 없는 일이 돼 버렸다.

그렇게 시간이 지나면서 A는 자신의 부정적인 감정을 드러낼 줄 모르게 됐고, 긍정적인 감정도 잘 느끼지 못하게 됐다. 그녀는 이성적이고 강한 사람으로 성장했을지 몰라도 감정에 무딘 사람이 됐다.

슬픔과 약함은 강인함의 반대말이 아니다. 자신의 슬픔을 인정할 줄 알아야만 탄력적이고도 진정한 강인함을 갖출 수 있다.

슬픔을 수용하지 못하는 사람들은 진실한 감정을 억누르기에 끝내 정서적으로 무너져 내릴 수밖에 없다.

슬픔을 수용하지 못하는 또 다른 이유는 이성적으로 슬퍼할 만한 일이 아니라고 느끼기 때문이다. 가령 사랑 또는 우정에 배신당한 후 자신에게 그 사람 때문에 슬퍼할 필요 없다고 마인드 컨트롤 하지만, 끝내 우울한 상태에 빠진다.

모든 일을 이성적으로 별일 아니라고 받아들이면 더할 나위 없이 좋겠지만, 사실 괴롭고 슬플 수밖에 없다. 슬픔은 본능적인 반응이기 때문이다. 고로 자신의 자존심을 지키기 위해 이성적인 방어 기제 전략으로 슬픔을 무마시키려 할 때 부작용이 발생하는 것이다.

결과가 어떠하든, 마음을 다했던 관계가 끝나면 슬픔을 느끼기 마련이다. 이성으로 해결할 수 있는 문제가 아니다. 자신이 충분히 슬퍼하도록 내버려 둬야 진정한 이별을 완성할 수 있다.

자신이 슬퍼하도록 내버려 두지 못하는 사람일수록 고통스러운 과거에서 헤어 나오지 못한다. 마음은 아무 일도 일어나지 않은 것처럼 넘어가지 못하기 때문이다.

상처를 확인해야만 치료할 수 있다. 부정적인 사건들 때문에 슬픔을 느꼈다면 상처 입은 마음을 들여다봐야 한다.

자신의 약하고 아픈 부분을 들여다보고 받아들일 줄 알아야 한다. 상처를 입었다면, 슬픔을 느끼고 약해질 수 있도록 아픈 그대로 내버려 둬야 한다.

조용히 슬픔과 함께 시간을 보내야 한다. 자기감정에 개입하지 말고, 슬픔에게 떠나라고 강요하지 말아야 한다. 슬픔을 치부로 여기는 생각을 버려야 한다.

무기력하고 무능한 자신의 모습을 수용해야 한다. 상처 입은 아이 곁을 지켜 주듯 시원하게 울어 보고 슬퍼해 보자. 있는 그대로의 자신을 포용하고 이해하고 곁을 지켜 주자. 자신을 돌보는 중요한 단계다.

자신의 슬픔을 돌보고 있는 그대로의 자신을 사랑할 줄 알아야 한다. 이 시간에 공을 들일수록 더욱더 빨리 슬픔에서 빠져나올 수 있고, 그토록 추구하던 강인함을 진정으로 소유할 수 있다.

인생에 힘든 일이 일어났을 때, 이성적이고 이치에 맞게 행동해야 한다는 생각에 묶여 슬픔을 내쫓지 말자. 이때 필요한 건 자신을 안아 줄 따뜻한 포옹뿐이다.